北京市社会科学基金项目成果

U0636695

低碳经济视角下
可再生能源产业发展的
就业效应与实现路径研究

DITAN JINGJI SHIJIAOXIA KEZAISHENG NENGYUAN CHANYE FAZHAN DE
JIUYE XIAOYING YU SHIXIAN LUJING YANJIU

李晓曼 著

首都经济贸易大学出版社
Capital University of Economics and Business Press
·北 京·

图书在版编目（CIP）数据

低碳经济视角下可再生能源产业发展的就业效应与实现路径研究/李晓曼著. -- 北京：首都经济贸易大学出版社，2019.9

ISBN 978-7-5638-3004-6

Ⅰ.①低… Ⅱ.①李… Ⅲ.①再生能源—能源发展—研究—中国 Ⅳ.①F426.2

中国版本图书馆 CIP 数据核字（2019）第 212869 号

低碳经济视角下可再生能源产业发展的就业效应与实现路径研究
李晓曼　著

责任编辑　王　猛
封面设计　风得信·阿东
　　　　　FondesyDesign
出版发行　首都经济贸易大学出版社
地　　址　北京市朝阳区红庙（邮编 100026）
电　　话　（010）65976483　65065761　65071505（传真）
网　　址　http：//www.sjmcb.com
E-mail　publish@cueb.edu.cn
经　　销　全国新华书店
照　　排　北京砚祥志远激光照排技术有限公司
印　　刷　北京九州迅驰传媒文化有限公司
开　　本　710 毫米×1000 毫米　1/16
字　　数　145 千字
印　　张　8.5
版　　次　2019 年 9 月第 1 版　2019 年 9 月第 1 次印刷
书　　号　ISBN 978-7-5638-3004-6
定　　价　36.00 元

目　录

1　引言

1.1　问题的提出

环境和就业一直是关乎国计民生的关键问题。改革开放以来，我国经济虽然持续增长，但发展方式粗放，不平衡、不协调、不可持续问题仍然突出，高污染与低环境容量间的矛盾逐步凸显。2018年，我国就业形势变得尤为严峻，众多企业裁员，大量农民工被迫返乡，大学生就业难度增大。2017年《政府工作报告》设定了减排、就业的新指标：单位国内生产总值能耗下降3.4%以上，主要污染物排放量继续下降；城镇新增就业1 100万人以上，城镇登记失业率4.5%以内。我国能否在节能减排的同时拉动就业，是当前要关注的重点问题。对处于快速工业化进程中的中国来说，向绿色经济转型是保持经济社会可持续发展的必然选择。然而，人们在谈论经济环境协同发展以及向绿色经济过渡时，往往过多地强调其经济成本，而忽视这种转型过程中所带来的就业机会。

中国已经成为全球最大的能源消费国，伴随着我国经济的快速发展，我国能源消耗总量超过616亿吨标准煤，年均增幅超过5.5%[①]，全球每年能源新增部分，我国占近3/4。一方面，摆脱对化石能源的过度依赖才能确保我国经济发展的可持续性；另一方面，随着中国在全世界的快速崛起，能源安全问题成为国家战略层面关注的重要议题。在此背景下，开发和利用清洁能源，对于我国这样一个人均资源明显低于全球平均水平、经济快速发展、能源消耗迅速攀升的经济体来讲，尤其具有重要的现实意义和深远的战略意义。之

[①]　数据来源于中国新能源与可再生能源年鉴（2015）。

前的许多研究大多关注能源产业发展对经济增长的影响，而忽视就业这个目标，但现在越来越多的学者开始关注可再生能源和其对经济的另一个主要贡献——就业。其中，"双重红利假说"认为绿色能源的发展能帮助我们兼顾环境与就业目标，因为比起传统的化石能源，可再生能源产业的资本密集度更低，劳动密集度更高（Llera 等，2013），这些特征决定了可再生能源产业有吸纳更多就业的潜力。例如，火力发电厂装机容量一般较大，一个火力发电厂的装机容量一般 300 兆瓦（MW）起步，其属于能源-资本密集型的产业，而一般的可再生能源风电发电站装机容量为 4 兆瓦左右。希夫纳和丘吉尔（Heavner &Churchill，2002）估计可再生能源发电行业中每兆瓦装机容量带来的就业效应是燃气发电的 1.7~14.7 倍，是煤炭发电的 4 倍。

事实上，根据联合国环境规划署的统计，到 2012 年，全球与可再生能源产业相关的就业人数已增长至 500 万，其中约 160 万就业岗位在中国。在德国，由可再生能源产业引致的就业效应在 2004—2009 年间增加了一倍，预计到 2030 年，可达 400 万工作年（job-year）（O'Sullivan 等，2010[①]；Wei，2010[②]）。其中，风电、太阳能和生物质能等主要可再生能源的市场具有巨大的就业潜力。据测算，到 2030 年，风电、光伏与生物质能的就业效应分别可达到 214.4 万人年（person-year）、354.7 万人年与 1 200 万人年，并且这一效应会随着可再生能源技术成本的下降进一步扩大。截至 2012 年，已有 138 个国家和地区先后制定了可再生能源发展目标，全球可再生能源的总投资高达 2 440 亿美元，发电装机总容量达到 480 吉瓦（GW）[21 世纪可再生能源政策网络（REN21），2013]。

可见，再生能源产业的发展提供了一个经济与环境长期可持续发展的新空间，兼顾了经济与社会效益双重目标的实现。但是，中国仍处于工业化阶段，技术水平不够先进，与发达国家的国情差异较大，盲目发展可再生能源产业可能会影响经济发展，造成就业损失。因此，厘清低碳经济和可再生能

---

① O'SULLIVAN M, EDLER D, OTTMULLER M, LEHR U. Gross employment from renewable energy in Germany in 2009—a first estimate. Federal Ministry for the Environment, Nature Conservation and Nuclear Safety, 2010.

② WEI M, PATADIA S, KAMMEN D M. Putting renewables and energy efficiency to work: How many jobs can the clean energy industry generate in the US? [J]. Energy Policy, 2010, 38 (2): 919-931.

源产业就业效应的内涵，分析推动可再生能源产业发展能否带来高就业增长，在不同经济状态下的就业影响效果有何差异，如何构建实现可再生能源产业就业效应的政策体系等问题是亟待研究的重大课题，这也正是本书要研究的问题。

理论层面上，从低碳经济的角度分析可再生能源产业的就业效应，已经成为劳动经济学研究蓬勃发展的领域。回顾低碳经济与可再生能源产业就业效应的研究，探讨和把握该领域的研究概貌，可为国内劳动经济学家以及能源、气候等领域的专家进一步开展相关研究提供支撑。从实践层面看，低碳经济是我国发展的必然方向，了解可再生能源产业就业效应的内涵、研究方法，深入分析在不同经济背景下、不同可再生能源技术对不同类型工作的影响效果，可以为政府发展低碳经济、协调环境与发展、缓解就业问题提供重要参考。

1.2　相关概念

1.2.1　低碳经济的概念和内涵

2003 年，英国政府发表的《我们未来的能源：创建低碳经济》白皮书认为，低碳经济是通过更少的环境污染和更少的自然资源消耗，获得更多的经济产出。2006 年 10 月，经济学家尼古拉斯·斯特恩（Nicholas Stern）在《斯特恩报告》（Stern Review）指出，全球国内生产总值（GDP）以每年 1%的投入，可以避免未来 GDP 每年 5%~20%的损失，呼吁全球向低碳经济转型。付允等（2008）认为，低碳经济实质上是一种绿色的能源消费和经济发展方式。潘家华等（2009）认为，低碳经济是碳生产力与人文发展均达到一定水平的经济形态，旨在实现控制碳排放的全球共同愿景。

本书认为，低碳经济是以应对能源、气候问题，实现可持续发展为目的，以开发新型能源、技术创新、提高能效为实现途径，与人文发展水平相适应的绿色环保的经济形态。低碳经济主要有以下几个特征：

1）目标性

低碳经济的目标是解决未来能源需求问题，降低碳排放，缓解恶性的气候变化，从而实现人与自然的和谐与可持续发展。

2）经济性

低碳经济应遵照市场经济原则，在不降低总体产业发展和居民生活水平的前提下，降低碳排放，促进可持续发展，实现帕累托改进。

3）技术性

低碳经济不应单纯地依靠减少化石能源的使用量，而应当借助技术革新，开发更加清洁环保的能源，提高能源效率，从而实现"低碳"与"经济"的同步发展。

4）平衡性

低碳经济应保持碳生产力与人文发展之间的平衡。一方面，人文发展应考虑"低碳"因素；另一方面，追求高碳生产力的过程中不能损害人文发展目标。

1.2.2　可再生能源产业就业效应的概念与内涵

1）可再生能源

可再生能源是指可以自然再生的能源，一般包括水能、风能、太阳能、生物质能、地热能等非化石能源。水电投资开发规模存量虽然很大，但其开发已经接近尾声，每年新增开发量非常有限。另一方面，在可再生能源电力消纳的总量结构中，虽然水电的体量依然巨大，但其增量已远逊于非水电可再生能源，水电的能量转换须经由"太阳能辐射—水蒸发—水能—电能"这一过程。尽管我国经济可开发水能资源达到3.8亿千瓦（kW），但是大型水坝建设关乎民生、政治、经济、文化、生态、环保等诸多问题，导致开发的经济和社会成本大幅增加，比如三峡水库评估了40年后才建成，周期长、成本高、代价大。2003年底，在泰国召开的第二次世界反水坝大会对水坝存在的弊端提出了全球性质疑，其对局部生态环境的破坏超出了人们预期，水力发电的"可再生性"以及对生态环境的影响等需重新评估。鉴于此，水电并未被纳入本研究的主要对象。

2) 可再生能源的就业效应

可再生能源产业的就业效应主要指可再生能源产业发展过程中，由于投资、开发、政策和技术变革所引起的就业数量的变动。不同的研究对就业效应的表述略有差异，但内涵基本一致。目前对可再生能源产业的就业效应通常有两种定义方法：一种是从作用机制的角度，将就业效应分为直接效应、间接效应和引致效应。美国环保署（EPA，2010)[1] 对就业的直接效应、间接效应和引致效应进行了界定：直接效应是指发生在企业内部的或有直接因果关系的就业岗位的变化（主要在生产制造与营运维护环节），例如风电机组整机制造商进行机组建设在生产制造环节增加的岗位。间接效应是指引起上下游部门的就业岗位的变化，例如由风电机组整机或零部件制造所引起的交通运输、原材料冶炼等环节增加的岗位。引致效应则指由于政府、企业和家庭消费方式改变而引起的就业影响，例如在生物质能的运用中，农村改变取暖方式等进行沼气管道的建设所增加的岗位数量。另一种是从影响效果的角度，将就业效应分为补偿机制和破坏机制。如图 1-1 所示，补偿机制是通过技术乘数效应和扩散效应实现的，破坏机制是通过直接破坏效应、就业结构调整效应和信息化效应实现的[2]。

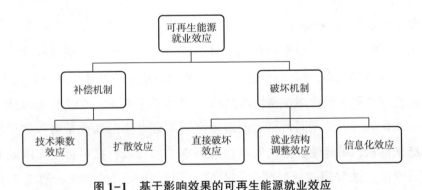

图 1-1　基于影响效果的可再生能源就业效应

---

① US ENVIRONMENTAL PROTECTION AGENCY. Assessing the multiple benefits of clean energy：a resource for states. U. S. State and local climate and energy programs ［EB/OL］. (2013-06-12) http：// www. epa. gov / statelocalclimate / documents / pdf / epa_ assessing_ benefits. pdf.

② 边春鹏. 可再生能源发展对我国就业创造性破坏效应仿真研究 ［D］. 青岛：中国海洋大学，2013.

本书认为，这两种定义方法虽然从不同的角度阐释了可再生能源产业的就业效应，但其内涵是基本一致的，两种定义方法可以相互解释、相互补充。例如，可再生能源产业技术乘数效应主要通过以下几种方式对就业产生补偿效果：一是技术进步促进新兴产业的发展，直接创造新的就业机会（直接效应）。例如，为了提升风机叶片耐磨性从而提高发电效率，由此带动了新材料新技术行业研发制造的发展，进而带动相关部门的就业。二是技术进步可扩大可再生能源的生产，以满足社会的能源需求，同时衍生出新的专业化工作，新岗位的产生导致劳动力需求的增加（间接效应）。例如，风电的开发和运用促进了智能化技术的运用和相关控制技术的改进。三是在技术进步的驱动下，能源生产成本降低，刺激了消费者的需求，消费需求引致可再生能源产业规模的不断扩大，进而对就业产生补偿作用（引致效应）。例如，草原上分布式风力发电的运用增加了牧民对家电的使用和购买，从而拉动相关电器制造行业的产品需求，引起岗位的增加。同样地，就业的直接效应是发生在企业内部或有直接因果关系的就业岗位的变化，这种变化可能是技术进步直接创造的就业岗位（技术乘数效应），可能是生产效率提高而导致的劳动力需求减少（直接破坏效应），也可能是产业结构重组引起的岗位损失（就业结构调整效应）。

3）就业效应的衡量

由于可再生能源产业生命周期内各个环节所创造的就业岗位性质有较大的差异，就业周期不一致（例如生产、安装和制造环节就业周期是短期性的，而在运营维护环节就业岗位是长期性的），因此有必要对一个工作岗位或就业进行标准化处理，使不同可再生能源生命周期环节中的就业量可以按照同一个标准来衡量，最终使彼此之间可以进行加总和比较。在可再生能源就业效应的研究中，最常用的标准化方法是将不同时间长短的就业折算为工作年（job-year）、人年来计算，也可称为一个全时工作当量（full-time equivalent, FTE），其内涵基本一致。具体操作方法是确定一个标准岗位工作量的年工作时间（通常是小时数或天数）为一个人年（工作年、FTE），然后将某工作岗位的年实际工作时间与标准时间进行比较，确定该工作岗位的实际工作量。例如，某风电站所用汽轮机需要 100 个技术人员制造 6 个月，则就业效应则为 50 人年，某光伏发电站的发电设备需要 30 人维护 20 年，则其创造的就业效应为 600 人年，于是研究人员就可以对同一类能源项目中不同工种、不同技术、不同时间长短的就业进行比较和计算。从产业生命周期的角度来看，将某一项目涉及的所有工作岗位的就业量进行加总，就是该项目所创造的总就业量，只是在计算就业弹性的时候，还需要将生产能力纳入考量，除以每年实际利用的能源水平，计算得出每千瓦、兆瓦或吉瓦所创造的就业效应。因此，本书后续的研究测算中，围绕风能、太阳能和生物质能等多种能源资源，针对发电、供热和生产燃料等多种利用技术以及生产、安装和运营等多个环节，都对就业量进行了标准化，并据此报告就业效应。

1.3 研究内容

本书围绕可再生能源就业效应的测算与相关政策开发，研究了如下四方面内容：

（1）可再生能源就业效应与测算方法的文献综述。可再生能源的种类繁多，每种具体能源的产业链条复杂且各具特色，因此本研究先梳理国内外研究性文献、调查报告等，进行文献综述，探索在我国现有统计体系下可行且有效的可再生能源就业效应测算方法，并在此基础上汇总国内该产业政策的现状以及国外推动绿色就业增长的相关政策。

（2）可再生能源就业效应的静态估计。依据《可再生能源中长期规划》，本研究选取我国大力发展的三种可再生能源——风能、太阳能（光伏）、生物质能进行重点研究。本书运用了两种方法对可再生能源产业的静态就业效应进行了测算。首先，利用已有研究基于投入产出法测算而得的就业弹性，分别测算了风能、太阳能（光伏）和生物质能产业 2012 年创造的就业效应；其次，首次运用应用分析法在每种可再生能源类别中选取我国的典型企业进行案例分析，在考虑容量因子的背景下测算获得生产制造安装环节（CIA）和运营维护环节（O&A）的就业弹性。

（3）可再生能源产业发展就业效应的动态估算。由于经济社会中各种变量之间普遍关联甚至互为因果，可再生能源产业发展与就业之间也存在这样的动态互相影响的关系。为了更好地说明这两者之间的动态影响，本书采用了一种非结构性的方法来识别变量之间的关系——向量自回归模型。通过变量平稳性检验和协整分析、广义脉冲响应和预测方差分解分析，本书对我国可再生能源开发利用量和装机容量与单位就业之间的长期均衡关系及其动态性进行了实证分析。在此基础上，本书对可再生能源及就业的未来变动趋势进行了预测。

（4）实现可再生能源就业效应的政策体系构建。发挥可再生能源的就业潜力还依赖于相关产业的配套发展以及传统能源部门职工的技能转型。因此，本书拟提出一个包含产业增长、资本融入、技术革新和技能再造等内容的一揽子政策体系。例如，推动能源利用效率提升与可持续发展的交通方式，这两个部门与可再生能源部门都具有协同发展效应。此外，还包括对传统能源部门中因为技术变革失去工作的职工进行绿色就业技能的培训，使其获得就业安置并提升收入能力；开展绿色商业选择（green business options）创业培训项目等。

1.4　研究方法

本书的主要研究方法为文献研究法和实证研究法。前者为梳理国内外理论、实证和政策研究的最新进展，从而搭建一个基于国内情景的研究框架，探索适合测算我国可再生能源就业效应的研究方法。此外，文献研究也为搜集实证研究中所用的数据奠定了基础。实证研究则是解决可再生能源就业效应的测算问题，主要基于案例研究和宏观数据，运用应用分析法、投入产出模型和向量自回归模型进行整体效应的测算。其中，应用分析法测算的是可再生能源局部静态的就业效应，投入产出法测算的是整体静态就业效应，向量自回归法测算的是整体动态的就业效应。

1.4.1　文献研究法

文献研究法是通过搜集、整理和分析不同形式的文献来完成对研究问题的解答。该方法的特点在于，不是直接从研究对象那里获得资料，而是去收集和分析现存的、以文字形式为主的文献资料（袁方等，1997）。比较分析法是比较客观事物和现有观点，从而认识事物的本质和规律，并做出相应的评价。本书将搜集国内外公开发表的、研究可再生能源产业就业效应的文章和报告，进行整理、分类和比较，对可再生能源产业就业效应的状况进行系统总结和分析。

本书的文献来源是中国知网（CNKI）和科学网（Web of Science）核心合集。在中国知网中，检索 2002 年至 2016 年，篇名包含低碳经济、可再生能源、清洁能源、就业效应任何一词的文献，按照发表时间、检索词对论文进行分类，结果如图 1-2 所示。2003 年国内学术界才出现"低碳经济"一词，与之相关的文献量在 2008 年迅速增多，2010 年以后虽逐渐减少，但每年的发文量均在 800 篇以上。篇名含"可再生能源""清洁能源""就业效应"的文献数量基本稳定或呈增多趋势。

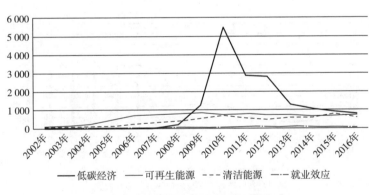

图 1-2 按篇名检索情况——中国知网

在中国知网中，检索 2002 年至 2016 年，包含能源和就业、可再生能源和就业、清洁能源和就业、能源和就业效应等任何一组主题词的文献，按照发表时间、检索词对论文进行分类，结果如图 1-3 所示。国内有关能源和就业的文献数量从 2004 年开始急剧增加，到 2009 年趋于稳定，保持在较高水平。

在科学网核心合集中，检索 2002 年至 2016 年，包含 renewable energy & employment & implication、clean energy & employment、renewable energy & employment 任何一组主题词的文献，按照发表时间、检索词对论文进行分类，

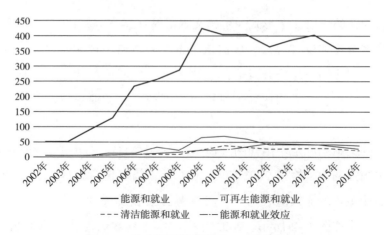

图1-3 按主题词检索情况——中国知网

结果如图1-4所示。国外关于能源和就业的文献数量虽偶有降低，但整体呈增长趋势。

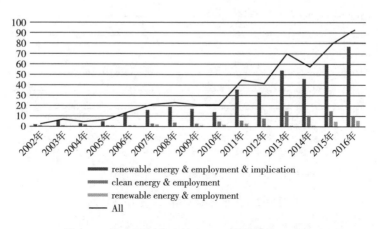

图1-4 按主题词检索情况——科学网核心合集

1.4.2 可再生能源产业就业效应的现有研究方法

麦克沃伊等（McEvoy等，2000）[①] 将可再生能源产业就业效应的研究方

———————————

① MCEVOY D, D C GIBBS, J W S LONGHURST. The employment implications of a low-carbon economy [J]. Sustainable Development, 2000 (8): 27-38.

法分为自下而上模式和自上而下模式。自下而上的模式是基于经验数据对就业进行推算，主要运用电子表格和分类方法，使用条件较低，操作简单，但一般只能研究直接效应。自上而下模式是对经济和环境之间的关系进行宏观测评，主要包括投入产出、时间序列等研究方法，结果更为可信，对可再生能源产业的直接效应和间接效应均有研究，但不够直观，使用条件较高。

美国环保署（EPA，2010）[①] 在总结可再生能源宏观经济效应的评估方法时，将这两类方法分别称为基础方法和复杂方法。基础方法包括经验因子法和应用分析法，常见的工具有经验因子、RMI 模型等。复杂方法包括投入产出模型、CGE 模型、混合模型等，软件价格较高，需要投入的人力、时间和资料也更多，相应地，结果更可信且可以分析间接效应。结合麦克沃伊等（2000）和美国环保署（2010）关于可再生能源产业发展的就业效应研究方法的阐述与分析，编制表1-1。

表1-1 可再生能源产业就业效应分析的常用方法

方法类型	具体方法	优点	缺点	使用条件
基础方法 （自下而上模式）	·经验因子法 ·应用分析法	·操作简单 ·价格低廉 ·时间、财务、数据投入较少	·不够灵活 ·准确性较差 ·只能分析直接效应 ·假设条件过于简单	·数据完备性有限 ·快速取得结果 ·初步分析
复杂方法 （自上而下模式）	·CES ·CGE 模型 ·时间序列模型 ·投入产出模型	·结果更详细 ·可分析间接效应 ·可测算长期影响 ·可说明经济内部的交互影响	·不够直观 ·价格昂贵 ·对数据的要求高 ·需要更多的人力、时间、数据投入	·数据完备性较高 ·要求准确结果

资料来源：MCEVOY D，D C GIBBS，J W S LONGHURST. The employment implications of a low-carbon economy ［J］. Sustainable Development，2000（8）：27-38.

---

① MCEVOY D，D C GIBBS，J W S LONGHURST. The employment implications of a low-carbon economy ［J］. Sustainable Development，2000（8）：27-38.

上述两种研究方法已经被广泛应用于可再生能源产业就业效应的研究当中。卡门（Kammen，2004），Wei 等（2010）和李虹（2011）[①] 均对当前可再生能源就业效应研究进行了归纳和分析。结合三位学者的分析，本书在测算我国的可再生能源产业就业效应时主要使用了以下三种方法：

1）应用分析方法（analytical models）

这是一种基于电子表格分析的"自下而上"的简单方法，以能源产业生命周期中的最终发电站或发电项目为基础单位，向上追溯单位能源中容纳的就业或岗位数量。该操作简单，易于理解和建模，但一般只能计算直接效应，不能反映由可再生能源产业引起的其他经济部门的就业损失，可能会低估可再生能源对就业的影响。

2）投入产出模型（I-O models）

这是一种自上而下的复杂方法，可以反映可再生能源产业对整体经济的就业影响，不仅可以测算对就业的直接效应，还考虑了对相关行业的间接影响。但是，使用该模型需要较充足的时间、数据和财务资源。基于投入产出模型的研究通常模拟全套可再生能源政策（包括可再生能源组合标准、能源效率计划和可持续运输政策等）带来的总体影响，很难测算出不同技术类型所产生的就业机会。

卡门（2004）分析了 1998—2004 年的 13 项研究报告，其中有 5 项采用了投入产出模型，其余 11 项均采用应用分析方法。Wei 等（2010）总结了2001—2009 年的 15 项可再生能源就业效应研究，其中只有 4 项采用了投入产出模型，其他均采用应用分析方法。李虹（2011）归纳了 8 篇相关文献，其中有 3 篇采用了投入产出模型，3 篇采用了应用分析方法，另外 2 篇分别采用了问卷调研法和综合计量模型。由上述数据可知，在现有研究中，应用分析法等基础研究方法使用频率较高，而投入产出模型等复杂方法使用频率较低。当然，在具体研究中，研究方法的使用应取决于时间限制、成本、数据可行性等不同的因素。

---

① 李虹，董亮. 发展绿色就业提升产业生态效率——基于风电产业发展的实证分析 [J]. 北京大学学报（哲学社会科学版），2011（1）：109-118.

本书在应用投入产出模型进行测算时，在现有数据资料的支撑下，为了克服时间、财务成本的局限性，选取其他研究对于投入产出弹性测算的结果，对整体就业效应进行间接测算，从而达到测算结果与测算成本的均衡。

3）时间序列模型测算

为了识别可再生能源与就业的长期动态关系，本书还选择向量自回归法（VAR）进行了测算。VAR 的优势集中在预测方面，其用微观化基础重新表述了宏观经济模型的基本方程，且对经济变量之间的相互关系要求也并不是很高，它是由西姆（Sim）于 1980 年提出来的。自回归模型采用的是多方程联立的形式，它并不以经济理论为基础，在模型的每一个方程中，内生变量对模型的全部内生变量的若干滞后项进行回归，从而估计全部内生变量的动态关系。本研究搜集综合了多达 12 个不同主体发布的数据库，包括国家统计局、国家发改委、农业农村部、国家能源局、自然资源部、中国电力企业联合会、中国太阳能学会、中国农村能源行业协会、中国资源综合利用协会、中国风能协会、清华大学建筑节能研究中心、国际能源署等，获得了最多达 18 期的可再生能源宏观数据，为识别能源-就业的长期稳定关系奠定了基础。

1.5 主要结论与贡献

1.5.1 主要结论

本书在综合国外已有研究和测算方法的基础上，利用基于投入产出表的就业弹性、应用分析法和向量自回归等多种方法，基于能源的生命周期产业链、能源的产出和能源的生产能力三种不同的测度方法，较为全面、系统地描述了可再生能源产业发展的就业效应，并得到以下主要结论：

（1）可再生能源产业发展在全球（包括我国）具有可观的创造就业岗位的潜力，我国在可再生能源产业上虽然起步较晚，但如今已经成为全球最大的可再生能源投资开发国，其创造的绿色就业前景不容小觑。在现有可再生能源技术中，除水电外，风电产业具有最大的就业规模，而太阳能（光伏）产业由于产业链较长，具有较大的静态就业弹性，但在考虑到能源的利用效率和动态发展后，生物质能产业发展对就业的正效应最为稳健。

（2）在各种能源测度方法和就业效应的估计路径中，生物质能是表现最为稳健、对就业的正向效应最大的可再生能源技术。基于投入产出表的就业弹性测算，2012 年生物质能产业发展带动的直接就业与引致就业规模在可再生能源行业中排名第二，仅次于风能；在对典型企业的生命周期产业链的就业弹性测算中，生物质发电产业的就业弹性也排名第二，仅次于光伏发电，在生产、制造和安装环节的就业弹性为 0.58 工作年/兆瓦，运营维护环节的就业弹性高达 2.1 工作年/兆瓦。原因是生物质发电产业以焚烧处理生活垃圾或生物质原料而非发电为主要功能，一般具有超高的发电设备平均利用小时数，从而创造了更多的就业岗位。这种稳健的就业创造能力在本书基于 VAR 模型的动态估计中也得到了印证。生物质能在基于产出的就业弹性测度中分别为 6.8%（即生物质能利用量每增加 10%，单位就业量增加 6.8%）与1.4%，基于生产能力的就业弹性略小但依然显著为正，分别为 3.1% 与1.8%。再考虑到生物质能的利用具有较高的产业生态效率，是解决当前我国雾霾问题的重要方面之一，并且能够带动农民增收与社会就业，因此发展生物质能产业是解决"能源、环境、农业"三大难题的最佳结合点，未来对生物质能的投资、开发和利用应该成为我国可再生能源政策的重点。

（3）本研究通过采用行业产出和生产能力两种维度测度能源得到以下结论：我国可再生能源的实际利用水平（即容量因子）也称为平均发电利用小时数，是影响其就业效应的最重要的因子。可再生能源发电利用量每增加10%，单位就业增加 5.69%，而可再生能源总量若能被全部利用消纳，即按照生产能力估算，装机容量每增加 10%，就业效应的增加幅度高达 25.4%。此外，太阳能（光伏）和风能虽然装机规模可观，但都因为容量因子较低而影响了其在就业上的表现；长期动态来看，太阳能（光伏）产业对就业的效应更是持续为负值，其在生命周期产业链各个环节并非"绿色可持续"。因此，我国在制定相关补贴与税收政策时必须更加审慎。

1.5.2　创新与贡献

本研究在以下几个方面具有一定的创新与贡献：

（1）由于数据局限，我国鲜有围绕可再生能源就业效应的实证研究，本书尽最大可能地搜集和整理了可再生能源领域内的基础数据，用以支撑多种测算技术下的就业效应的识别，这对于摸清我国可再生能源发展现状，评估其社会效益都具有非常重要的贡献。

（2）本研究对于就业效应的估算方法与国际主流估算单位一致，通过梳理典型企业的生命周期产业链，就业效应系数单位可以准确到"工作年/吉瓦"或"人年/吉瓦"。而在此之前基于中国情境的估算中，就业效应的单位并不能将产业的生命周期产业链纳入考量（李虹、董亮，2011），所以只能得到"人/吉瓦"单位，这种估算既不准确也无法与其他研究测算结果进行比较。

（3）本研究对于可再生能源就业效应的估算点面俱到、动静结合。既包含总体就业效应，又将不同能源技术的异质性纳入考量；既展现了能源产业链中的静态就业弹性，又将"可再生能源-就业"的动态协调发展关系清晰地阐释出来，首次多角度有细节地展现了我国可再生能源对就业的影响。

2 可再生能源产业的就业效应研究综述

2.1 可再生能源产业对就业总量的影响

在 20 世纪 80 年代，学术界普遍认为环境保护与促进就业是矛盾的。90 年代初，有学者对这一观点提出质疑，学术界对此展开了激烈的讨论。许多学者认为，发展可再生能源产业对提高就业量、保障劳动力权益等方面都有积极影响。李启平（2010）[①] 和毛雁冰等（2012）[②] 指出，使用可再生能源、提高能源效率、降低能源强度可以长期提高就业水平。波林等[③]（Pollin 等，2009）对加拿大绿色能源计划就业效应进行了研究，指出该计划能够创造就业岗位。卡门等（2004）[④] 指出，可再生能源每兆瓦容量所产生的就业机会高于化石能源部门。海蒂（Heidi，2010）[⑤] 利用投入产出模型研究可再生能源和能源效率，发现在可再生能源产业，每 100 万美元投资所对应的劳动力需求是化石燃料行业的 3 倍。在由传统能源产业转向低碳能源产业的过程中，前者损失 1 个就业机会时，后者会创造 3 个就业机会。可再生能源政策项目报告（REPP，2001）利用简单分析方法计算出，太阳能光伏产业每 100 万美元的投资可产生 5.65 人年的就业机会，风能产业每 100 万美元投资可产生

---

① 李启平. 经济低碳化对我国就业的影响及政策因应 ［J］. 改革，2010（1）：39-44.

② 毛雁冰，薛文骏. 中国能源强度变动的就业效应研究. 中国人口、资源与环境，2012（9）：142-148.

③ POLLIN R, GARRETT-PELTIER H. Building a green economy: employment effects of green energy investments for ontario ［J］. Published Studies, 2009（1）.

④ DANIEL M. KAMMEN, KAMAL KAPADIA, MATTHIAS FRIPP. Putting renewables to work: how many jobs can the clean energy industry generate? real report ［M］. University of California, Berkeley, 2004.

⑤ GARRETTPELTIER H. The employment impacts of economy-wide investments in renewable energy and energy efficiency ［J］. Dissertations & Theses-Gradworks, 2010, 10（1）.

5.7 人年的就业机会，而煤炭行业投资 100 万美元在同等条件下只能产生 3.96 人年的就业。

但学术界仍有许多学者持消极态度，认为对可再生能源等低碳产业的资金、技术投入和政策倾斜会冲击其他部门乃至整体经济的就业。加布里埃尔（Gabriel，2009）研究了西班牙政府的绿色产业投资对就业效应的影响，认为这会挤压其他产业的投资，造成就业缩减。2009 年，蔡昉在"经济发展与低碳经济：中国和世界"国际研讨会上提到，实行低碳经济会给发展中国家带来较大的就业冲击。胡宗义和刘亦文（2010）[①] 认为，实行低碳经济、促进可再生能源产业发展可以推动整体经济发展，但会导致企业削减就业岗位。

还有一些学者保持中立立场，他们大多认为，不同的经济行为对就业的影响略有差异，在不同地区、不同行业、不同生命周期内引起的就业效应也各不相同。谭永生（2010）[②]，杨晶和田芳（2011）[③] 利用计量经济方法分析了低碳经济和可再生能源产业对就业的影响，他们均认为，经济低碳化、发展可再生能源产业，从中长期来看可以促进就业，但从短期来看会抑制就业。克劳斯等（Klaus 等，2002）调查了欧盟的 1 500 多家企业，研究发现环境友好型的生态改革可促进就业，但如果企业为了降低成本而进行技术投资，则很可能减少就业。

虽然学术界对可再生能源的就业效应仍存在争议，但大多数学者认为实现低碳经济、发展可再生能源产业对就业的积极影响远大于消极影响。笔者认为，可再生能源产业有可能会抑制传统能源产业的发展，在短期内对就业产生不利影响，但从长期来看，可以缓解气候变化问题，带动经济发展，促进就业。在任何经济部门，投入要素一般包括技术、资本和劳动力，可再生能源产业对就业的影响主要是通过调整资本、技术投入来实现的。

2.1.1 资本投入对就业的影响

在经济低碳化转型的过程中，资本投入可以促进经济增长，进而带动就

[①] 胡宗义，刘亦文. 低碳经济的动态 CGE 研究 [J]. 科学学研究，2010，28（10）：1470-1475.

[②] 谭永生. 经济低碳化对中长期就业的影响及对策研究 [J]. 中国人口、资源与环境，2010，20（12）：76-80.

[③] 杨晶，田芳. 低碳经济时代节能减排政策对我国就业的影响研究 [J]. 农林经济管理学报，2011，10（2）：88-95.

业。刘洪涛等（2008）采用能源投入产出表和投资效益计量模型，对西部地区不同行业的投资效益进行了定量分析，发现低能耗产业的资本投入不仅可以带动经济增长、促进就业，还可以降低单位国内生产总值（GDP）能耗。摩根斯坦等（Morgenstern 等，2002）认为，在劳动密集的产业中，资本投入的就业效应相对更强。REPP（2001，2005）指出，每投资 100 万美元于风电或光伏发电行业，可创造 5.7 个工作年的就业机会，而煤电行业只有 3.9 个工作年。但也有学者持不同观点。加布里埃尔（2009）研究了西班牙政府的绿色投资对就业的影响，认为把资金投入到绿色产业可能会挤压其他产业的投资，对总体就业造成负面影响。本研究认为，绿色投资可能在短期内挤压其他产业的投资，但从长期来看，资本投入可以带动可再生能源产业发展，优化产业结构，降低单位 GDP 能耗，进而带动整体经济发展，促进就业。

2.1.2　技术投入对就业的影响

低碳技术对就业的影响还未有定论。一些学者认为，技术进步对就业具有直接或间接的补偿效应（Pissarides，1990；Bernd 等，1999）。直接补偿是指技术进步可以创造新的机器、产品，继而创造了新的经济部门，从而扩大劳动力需求，促进就业；间接补偿是指技术进步能够提高生产效率，促使企业利润增加、规模扩大，从而有能力提供更多的就业机会，降低失业率。也有学者认为，技术革新会提高生产效率，因此技术与劳动力存在替代关系，技术投入会导致就业量减少。

本研究认为，在经济萧条或低速发展的时期，技术投入直接创造新岗位的能力较低，对就业的直接补偿效应不显著；技术进步虽然可以在一定程度上提高生产效率，但很难促使企业扩大规模，接纳更多劳动力，因此对就业的间接补偿效应也降低；企业为稳定财务状况，不会同时在技术和劳动力上投入过多资金，二者的替代关系更加明显。因此，在经济下行阶段，技术投入对就业的替代效应大于补偿效应，可能会抑制就业；而在经济高速发展阶段，低碳技术投入不仅直接创造新的岗位，而且更有可能促使企业规模扩大，吸纳更多的劳动力，此时技术投入对就业的补偿效应远大于替代效应，对经济发展和就业均产生积极影响。

2.2　不同能源技术对不同类型工作的就业效应的比较

学术界讨论可再生能源产业对就业的影响时，大多将所有可再生能源产业当作一个因子，将就业总量看作另一个因子，研究整个可再生能源产业对总体就业产生的影响。部分学者将工作分为生产、制造和燃料提取、加工、运营维护两种类型，研究可再生能源产业发展对这两类工作分别产生怎样的影响。卡门（2004）详细研究了13项关于可再生能源和就业的报告，归纳整理实证数据，分析了不同能源技术对不同类型的工作的影响效果。

如表2-1所示，化石能源产业的岗位大多分布在燃料提取、加工和运营维护等环节。其中，煤炭对运营管理类工作的影响效果略高于汽油，在燃料提取、加工方面的就业效应略低于汽油。可再生能源产业的岗位更多集中在生产、制造等环节。其中，太阳能和风能在生产、制造等环节创造的就业岗位远高于运营维护环节，而在燃料提取、加工方面不创造就业。太阳能（光伏）对各类工作的促进作用均略高于风能。此外，生物质能虽然是可再生能源，但该产业比较特殊，在燃料提取、加工以及运营维护方面创造的就业岗位远远多于生产、制造等环节。

表2-1　不同能源技术对不同类型工作的影响效果的比较

能源技术	数据来源	容量因子①	设备年限（年）	就业组成部分		
				运营维护（工作/兆瓦）	燃料提取、加工（人年/吉瓦时）	生产、制造和安装（人年/兆瓦）
光伏1	可再生能源与政策项目，2001	25%	25	0.25	0	32.33
光伏2	绿色和平，2001	21%	25	1.00	0	30.00

① 容量因子是描述能源利用水平的指标，即发电站在规定时间段内实际输出的电量与满负荷条件下输出电量之比，时间段一般为年。

续表

能源技术	数据来源	容量因子	设备年限（年）	就业组成部分		
				运营维护（工作/兆瓦）	燃料提取、加工（人年/吉瓦时）	生产、制造和安装（人年/兆瓦）
风能 1	可再生能源与政策项目，2001	35%	25	0.10	0	3.80
风能 2	欧洲风能协会/绿色和平，2003	35%	25	0.10	0	22.00
生物质能：高预估	可再生能源与政策项目，2001	85%	25	0.44	0.22	8.50
生物质能：低预估	可再生能源与政策项目，2001	85%	25	0.04	0.04	8.50
汽油	劳工统计局，2004	85%	40	0.10	0.07	8.50
煤炭	可再生能源与政策项目，2001	80%	40	0.18	0.06	8.50

资料来源：DANIEL M, KAMMEN, KAMAL KAPADIA, MATTHIAS FRIPP. Putting renewables to work：how many jobs can the clean energy industry generate? Real Report ［M］. University of California, Berkeley, 2004.

本书认为，对可再生能源技术和工作岗位进行科学分类，了解不同能源技术对不同工作的影响效果，具有重要的意义。

首先，为制定地区层面的政策提供了重要参考。对于某个具体的地区，传统能源部门的工作减少量也许能够与可再生能源部门的工作增加量相互抵消，看似达到平衡，但实际变化可能是运营管理类工作大量转换成生产制造类工作。如果没有了解各类工作受影响的程度并及时开展相应的培训和重组计划，很可能造成某类工作的萎缩甚至消失，进而引起经济动荡和民生问题。

其次，便于预测各类工作的数量变化。不同类型工作随产业扩张而产生的规模变化是各不相同的，了解不同能源技术的影响效果，有利于预测各类工作的数量变化。例如，美国光伏产业的扩张可能导致可再生能源系统部件生产需求的增加，进而增加生产制造方面的就业，而对燃料提取、加工方面的就业不产生影响。

最后，有利于协调产业发展与促进就业。在产业发展的过程中，参考当地的劳动力供给结构来确定能源技术类型，有利于促进就业。例如，当地的生产制造型劳动力偏多，在其他条件相差不大的前提下，可以考虑多发展太阳能等可再生能源，以吸纳这部分劳动力来就业。在就业促进的进程当中，针对当地情况，有目的地吸引和疏导对应的劳动力，有助于带动产业发展。例如，当地的风能产业发展迅猛，而该能源技术对生产、制造、安装类的就业有积极影响，则可以考虑适度吸引这类劳动力，疏导燃料提取等类型的劳动力至其他更适宜的地区。只有在了解不同能源技术对不同工作的影响效果的前提下，这种相互促进才有可能实现，但在具体实施的过程中应当综合考虑宏观经济情况、能源储备现状、技术水平、劳动力供求水平等多个因素，注意对度的把握。

2.3 金融危机中可再生能源产业促进就业的争议

自 2008 年国际金融危机以来，多个国家和地区纷纷通过开发可再生能源、技术革新等途径发展低碳经济、推动绿色就业。2008 年，法国提出发展可再生能源的计划，预期创造 20 余万个就业岗位；2009 年，英国推行"低碳转型计划"，希望借此拉动经济复苏，创造就业机会；2010 年，德国推出了110 亿美元的建筑节能改造计划，预期创造 60 万个绿色就业岗位。低碳经济与可再生能源产业发展能否缓解金融危机带来的就业问题，已成为国内外学者密切关注的问题。

2009 年，美国推行"绿色经济计划"，正式通过了《美国复苏与再投资法案》（American Recovery and Reinvestment Act，ARRA）。该法案涉及气候、能源与环境等多个领域，政府划拨巨额资金用于智能电网建设、政府设施的节能改造、化石燃料的低碳化技术研发、清洁能源的开发、对可再生能源发电和送电项目提供融资担保、对可再生能源以及节能领域专业人才的教育培训，此外对于可再生能源的投资、家庭节能投资实行减税措施。

对于美国的"绿色经济计划",国内外学者持有各种不同的态度和看法。郑立(2009)[1]指出,绿色经济可以保护资源与能源,维护人类生存环境,有益于人体健康,是一种平衡式经济。在全球经济低迷、金融危机影响持续存在的情况下,美国绿色经济计划的实施将是提振美国经济的良方。如果这个计划能够全面顺利开展,发展可再生能源产业和创造就业机会将成为可能。一旦就业形势好转,该计划将给建筑业、汽车业以及投资等方面带来一系列积极影响,从而帮助美国走出金融危机泥潭。门丹(2013)[2]认为,美国政府的绿色新政并非仅追求经济复苏,而是着眼于经济发展的未来,通过培育新能源产业来重振美国经济,并且在全球应对气候变化问题上掌控主导权。

迈克尔斯(Michaels,2009)[3]分析了四篇研究报告[4],表示对美国"绿色经济计划"难以持乐观的态度。迈克尔斯指出,这四篇研究报告在研究方法上都依托了不完全经济分析方法,在结论上都过分夸大了"绿色经济计划"带来的净收益,出现这种误差主要是由于以下几个原因:

(1)过分关注能源部门的就业,而忽略了能源供给效率。能源部门的主要目标应该是提供具有成本效益的能源,促进经济增长并提高人们的生活水平。人为地增加能源部门的就业机会可能提高经济成本、降低生产力,对整体就业和经济增长起反作用。但现有研究过分关注能源部门的就业,忽略了能源供给效率,因此结论有所偏差。

(2)只计算了工作增加量,而忽略了对就业的冲击。例如,有报告指出,通过限额出售碳排放配额的方式可获取 1 000 亿美元的收入,并预计带来 200

① 郑立. 美国的"绿色经济"计划及其启示 [J]. 中国商界(上半月),2009(7):52-53.
② 门丹. 美国低碳经济政策转向研究:原因、定位及经济绩效 [D]. 沈阳:辽宁大学,2013.
③ MICHAELS R,MURPHY R P. Green jobs:fact or fiction? [J]. Institute for Energy Research,2009,54(1):1-7.
④ 迈克尔斯分析的四篇研究报告分别为:
  • The Center for American Progress'(CAP)Green Recovery:A Program to Create Good Jobs and Start Building a Low-Carbon Economy;
  • the Political Economy Research Institute's(PERI)Job Opportunities for the Green Economy:A State-by-State Picture of Occupations that Gain From Green Investments;
  • the U. S. Conference 2 of Mayors' Current and Potential Green Jobs in the U. S. Economy;
  • the American Solar Energy Society's(ASES)Renewable Energy and Energy Efficiency:Economic Drivers for the 21st Century.

万个就业机会，但由此引起的能源密集型产业成本增加、消费价格提高，也可能引起工作缩减。

（3）高估了"绿色工作"所带来的就业量。许多报告的研究假设是闲置劳动力十分充足，足以填补由政府创造的新的"绿色"空位。实际上，许多从事"绿色工作"的劳动者原本就有工作，从一份工作转换到另一份工作并不能带来就业总量的增加。这说明对工作增加量的预估被扩大了。

（4）未了解政府对"绿色"市场的补贴现状。在研究如何进一步干预能源市场之前，应当考虑现有的补贴水平。在 2007 财年，美国能源部估计了联邦能源补贴总额，从绝对美元的角度看，可再生能源的补贴水平是常规能源的两倍，但从美元/英热或者美元/吉瓦时的角度来看，可再生能源的补贴是常规能源的百倍以上。现有的可再生能源补贴已经达到很高的水平，继续提高补贴水平不一定能够对就业产生积极影响。

由迈克尔斯（2009）的分析可知，他虽然不完全赞同美国"绿色经济计划"，但并没有对该政策进行全盘否定，而是指出了一些易被忽略的劣势和潜在的风险，以引起政府和公民的警醒。关于金融危机中可再生能源产业是否能够促进就业，学术界尚无统一的结论。笔者认为，在经济萧条、金融危机影响尚存的情况下，与可再生能源相关的投资、消费、出口以及税收政策可以在一定程度上缓解金融危机、促进就业，但采取的方式和支持的力度应当与经济情况相适应。从长期来看，可再生能源产业发展可以缓解气候问题，优化能源结构，带动经济发展，对就业产生积极影响。

2.4　研究述评与研究展望

2.4.1　研究述评

1）基本结论

本书综合国内外研究可再生能源产业就业效应的相关文献，可得出以下基本结论：

（1）一般来说，可再生能源产业对增加就业数量有一定的积极作用。从整体上看，可再生能源产业的能源效率高、生产效率高，可带动整体经济的发展，从而对就业产生一定的积极影响。许多实证研究表明，无论是从单位容量、单位发电量还是单位投资额的角度测算，可再生能源产业的就业系数均高于传统能源部门。虽然有学者认为可再生能源部门会挤压其他经济部门的就业，也有学者认为可再生能源产业很难在萧条的经济中促进就业，但从长期来看，可再生能源产业能够缓解经济危机，具有积极的就业效应。

（2）与可再生能源相关的投资、技术革新对就业的影响略有差异。从短期来看，绿色投资可能会挤压其他产业的投资，对就业产生一定的负面影响；从长期来看，资本投入可以优化产业结构，降低单位 GDP 能耗，进而带动经济发展，促进就业。技术革新的就业效应受经济形势的影响：在经济高速发展时期，技术革新直接创造就业岗位，间接吸纳劳动力，对就业的促进作用十分显著；在经济低迷时期，技术对就业的替代作用可能大于补偿作用，有抑制就业的趋势。

（3）不同能源技术对不同类型工作的就业效应各不相同。可再生能源对生产、制造类工作的就业效应明显高于运营维护类工作。其中，太阳能（光伏）对各类工作的促进作用均略高于风能，生物质能是个例外，在燃料提取、加工以及运营维护方面创造的就业岗位远远超过生产、制造等环节。传统能源对燃料提取、加工和运营维护类工作的就业效应高于生产、制造类工作。其中，煤炭对运营管理类工作的影响效果略高于汽油，对燃料提取类工作的就业效应略低于汽油。

2）不足之处

当前研究对可再生能源的相关概念、就业效应系数、作用机制等均有所讨论，但仍有一些不足之处，具体体现在以下几个方面：

（1）研究方法比较简单。大部分研究采用应用分析法等基础方法来测算可再生能源就业效应，很少使用投入产出模型、情景分析法等研究方法。基础方法虽然操作简单，使用条件较低，但结果的准确性较差，一般只能测算直接效应，难以测算间接效应和引致效应，也很难区分不同可再生能源技术对就业的影响效果的差异。

（2）测量指标不统一。现有研究中，不同学者测量就业量的指标不尽一致。刘进进（2011）[①] 采用经济活动人口为就业量的测量指标；林宝将不同时间长短的就业折算为"工作年"和"人年"来测量；李虹构建生态效率指标来衡量低碳经济创造的就业机会；卡门采用"工作/兆瓦"测量运营管理类的工作，采用"人年/吉瓦时"测量燃料提取、加工类的工作，采用"人年/兆瓦"测量生产、制造和安装类的工作。当前研究中的测量指标大多只适用于该研究本身，而不具备更广泛的适用性。测量指标不统一，不仅给比较分析现有研究增加了难度，而且使未来的深入研究缺乏具广泛性的测量基础。

（3）缺乏产业细分数据，对不同能源产业就业效应的研究较少。少数学者研究了风能产业的就业效应（李虹，2011；Dakshina 等，2016）和太阳能的就业效应（Kammen，2004），但大部分学者都是研究低碳经济或整个可再生能源产业对就业的影响，缺乏细分数据，对不同能源产业就业效应的研究较少。

（4）未能对中国、印度等新兴市场展开针对性研究。中国和印度等发展中国家，人口众多，就业问题突出，前期经济增长主要依靠要素投入，目前面临环境污染和能源短缺等问题，是发展可再生能源产业的新兴市场。针对该类新兴市场的经济发展水平、能源储备情况、劳动力结构等现状，研究可再生能源产业的就业效应，具有重要的理论和实践意义，但目前尚缺乏这类研究。

（5）对政策体系研究不够深入。现有研究讨论了税收等政策对就业的影响，对其他类型的政策研究较少；大多采用实证研究方法，缺乏对政策作用机制的理论分析；只分析政策对宏观经济或就业总量的影响，未能详细研究各类政策对不同地区、不同类型劳动力的影响效果的差异。

2.4.2 趋势与展望

中国目前正处在经济结构调整和产业结构转型的关键时期，积极发展可再生能源产业、创造绿色就业，对于缓解就业压力、推动经济结构调整和产业结构优化、实现经济社会可持续发展具有十分重要的意义。

[①] 刘进进. 低碳经济对我国就业的影响及对策［D］. 重庆：重庆理工大学，2011.

但是，作为最大的发展中国家，中国在经济发展现状、能源储备能力、劳动力结构等方面仍有不足。首先，中国正处于工业化阶段，经济增长主要依靠要素投入，高耗能、高污染和高排放的特征十分明显；产业结构不完善，一、二、三次产业的比重大致为 1∶5∶4，高耗能行业比重大。其次，中国的能源结构呈现"富煤、少气、缺油"的特点，说明未来很长一段时间仍需依赖煤炭这一能源。此外，受产业结构的影响，中国劳动力资源大多分布在第一、二产业和第三产业的中低层面，缺乏可再生能源领域专业人才和相关技术人才。①

中国经济发展的客观因素引起了政府对发展绿色经济、促进绿色就业的高度重视。"十三五"规划纲要明确指出，要支持绿色清洁生产，推进传统制造业绿色改造，推动建立绿色低碳循环发展产业体系，鼓励企业工艺技术装备更新改造；发展绿色金融，设立绿色发展基金。2015 年中央经济工作会议提出，结构性改革任务十分繁重，主要是抓好去产能、去库存、去杠杆、降成本、补短板五大任务。与此同步，人力资源和社会保障部针对绿色就业的技能开发也采取了一系列措施。由此可推测，在短期内，中国的可再生能源产业虽可以逐步兴起，但受能源、技术等限制，前期发展速度可能比较缓慢，就业效应不显著。但从长期来看，政府的积极措施和市场内部调节会带动可再生能源产业的发展，其对就业的促进效应也会更加显著。随着可再生能源的地位日益重要，就业人数持续增长，学术界必将继续研究可再生能源对就业的影响。预计未来的研究会关注更多的可再生能源技术；采用的研究方法更加准确、可靠，测量指标逐渐统一；细化产业数据，加强对不同能源产业就业效应的研究；对就业效应系数的分析不仅局限于直接效应，还包括间接效应和引致效应；对中国、印度等新兴市场国家展开针对性研究；对实现可再生能源产业就业效应的政策体系展开更深入的研究。

---

① 刘朝，赵涛. 2020 年中国低碳经济发展前景研究［J］. 中国人口、资源与环境，2011，21（7）：73-79.

3 可再生能源产业就业发展的现状与趋势

3.1 全球可再生能源开发利用与投资的现状和趋势

随着社会经济的飞速发展，对能源的需求也日益增长。目前，世界能源消费主要以煤和石油等不可再生能源为主，但在经过几百年的开采后，世界现存的可开采能源的余量岌岌可危，能源危机的时代马上就要到来，而化石能源的燃烧也带来了一系列非常严重的环境问题。因此，能源是经济、社会、气候等问题的关键所在。在这种情况下，可再生能源由于其可循环开发、清洁无污染、开发潜力大等优点，已成为未来能源开发的重点。据估计，到2050年，能源供应结构中的化石燃料和非化石燃料的占比将达到均等，同时石油和煤炭消费数量将减少一半以上。

表3-1报告了目前世界各主要能源消耗国的能源消费结构。从能源消费量来看，2017年世界能源消耗量为13 511.2百万吨油当量（Mtoe），连续8年增长，与2016年（13 258.5Mtoe）相比增长了1.9%。其中，中国是世界上最大的能源消耗国，占世界总能源消耗的23.18%；其次是美国，占世界总能源消耗的16.54%。从能源消费结构来看，化石燃料消费占全球能源消费的85.19%，而可再生能源消耗只占10.40%。巴西是世界上可再生能源利用程度最高的国家，其次是加拿大。中国的可再生能源消费占一次能源消费量的比重为11.76%，略高于世界10.40%和经济合作与发展组织（OECD）国家11.06%的平均水平，低于欧盟的13.03%的比例，与同是发展中国家的巴西（35.93%）相比依然存在很大的差距。

表3-2　2017年部分可再生能源大国[①]可再生能源装机容量（单位：吉瓦[②]）

技术	世界	BRICS[③]	EU-28[④]	中国	美国	德国	印度	日本	英国
生物质能	122	40	40	14.9	16.7	8	9.5	3.6	6
水能	1 114	507	124	313	80	5.6	45	23	1.9
太阳能光伏	402	152	108	131	51	42	18.3	49	12.7
聚光太阳能	4.9	0.5	2.3	~0	1.7	~0	0.2	0	0
风能	539	236	169	188	89	56	33	3.4	18.9
总可再生能源装机容量（包括水能）	2 195	936	443	647	241	112	106	79	39
总可再生能源装机容量（不包括水能）	1 081	429	320	334	161	107	61	57	38

注：①表中所列国家是全世界可再生能源装机容量排名前6位的国家（不包含水能），若包含水能，排名前6位的国家将会有变化（中国、美国、巴西、德国、印度）。

②GigaWatt的缩写，常用来表示发电装机容量，代表十亿瓦特，1吉瓦 = 1 000兆瓦 = 100万千瓦。

③5个BRICS国家指的是巴西、俄罗斯、印度、中国和南非。

④欧盟28国：奥地利、比利时、保加利亚、克罗地亚、塞浦路斯、捷克、丹麦、爱沙尼亚、芬兰、法国、德国、希腊、匈牙利、爱尔兰、意大利、拉脱维亚、立陶宛、卢森堡、马耳他、荷兰、波兰、葡萄牙、罗马尼亚、斯洛伐克、斯洛文尼亚、西班牙、瑞典和英国。

资料来源：《可再生能源全球现状报告2018》。

3.1.2　全球可再生能源投资的现状和趋势

随着经济发展所带来的能源需求量的提高，越来越多的国家开始投资可再生能源产业。如表3-3所示，全世界在可再生能源上的投资自2010年开始连续8年超过2 000亿美元，投资规模在2015年达到巅峰，突破3 000亿美元。2016年和2017年全球投资额与2015年相比略有减少，分别为2 740亿美元和2 798亿美元。自2004年以来，全球已在绿色能源上投资了2.9万亿美元。从国家视角来看，中国在可再生能源上的投资规模飞速扩大，自2012年开始连续6年超越美国成为世界上可再生能源投资规模最大的国家。2017年中国可再生能源投资额比2016年增长30.7%，达到创纪录的1 266亿美元，约为美国的3倍。这一方面反映了随着中国经济的飞速发展，能源的需求量也在不断提高；另一方面也反映了中国可再生能源开发技术正在不断进步，可再生能源产业已经成为中国新的经济增长点。金砖国家中的巴西和印度也越来越重视可再生能源行业，其中印度在此行业的投资已经连续 2 年超过 100 亿美元，2017 年印度在可再生能源市场上的投资排名世界第四，仅次于中国、美国和日本（134 亿美元）；2017 年巴西在可再生能源上的投资额为 60 亿美元，与 2016 年相比增加了 7.1%。但欧盟自 2012 年起在可再生能源上的投资逐渐减少，2017 年欧盟在此行业的投资额仅为 400 亿美元，与 2016 年相比下降 35.7%，为近 10 年来最大降幅，投资总额仅为中国的 1/3。自 2010 年以来，美洲大陆（除美国和巴西外）在可再生能源开发上不断发力，其在可再生能源上的投资几乎都超过了 100 亿美元。而亚洲和大洋洲地区（除中国和印度外）在可再生能源行业的投资额在经过 2007—2014 年的持续增长后，开始呈现下降趋势。此外，中东和非洲近 6 年在此行业的投资也稳定在 80 亿美元以上。

表 3-3　2007—2017 年各主要国家和组织可再生能源投资规模（单位：十亿美元）

年份 国家	2007	2008	2009	2010	2011	2012	2013	2014	2015	2016	2017
中国	16.6	25.3	38.1	41.5	48.2	58.3	63.4	85.3	121.2	96.9	126.6
美国	39.2	35.9	23.9	35.4	49.2	40.6	33.7	39.1	46.7	43.1	40.5
巴西	9.8	11.5	7.8	7.4	10.2	8.1	4.3	7.7	6.7	5.6	6.0
印度	6.4	5.7	4.2	9.0	13.8	8.0	6.8	8.4	9.9	13.7	10.9
AMER[①]	4.9	5.9	5.5	12.4	9.6	10.4	12.5	14.4	11.4	6.0	13.4
欧盟	67.4	81.3	82.5	113.9	128.4	88.9	59.4	67.9	62.9	64.1	40.9
中东 & 非洲	1.9	2.3	1.7	4.2	3.2	10.2	9.2	8.3	13.3	9.0	10.1
ASOC[②]	12.8	13.7	14.5	19.8	25.2	30.9	45.1	53.1	51.2	35.7	31.4
世界	158.9	181.4	178.3	243.6	287.8	255.5	234.4	284.3	323.4	274	279.8

注：①除美国和巴西之外北美洲和南美洲的其他国家。
②除中国和印度之外亚洲和大洋洲的其他地区。
资料来源：《2018 年全球可再生能源投资趋势报告》。

可见，发展中国家正在成为可再生能源投资新的增长点。2017 年，发展中国家的投资额比发达国家高 740 亿美元，占全球投资市场的 63%，全球可再生能源主要投资市场已从发达国家转向发展中国家。众所周知，发展中国家在经济快速发展的同时正面临着日益严重的环境问题，如雾霾现象严重、可耕地面积大量减少，经济发展正在以破坏环境为代价。为了实现可持续的经济发展，从全球经验来看，开发可再生能源是重要途径。目前，中国和印度正在顺利实现《巴黎协定》设定的目标。巴西自20世纪70年代石油危机之后，开始专注于开发替代能源。而巴西得天独厚的资源禀赋条件，也非常适宜开发可再生能源，因此巴西政府对可再生能源开发不断给予政策支持，如与普通汽油相比，政府在税收上向乙醇汽油燃料倾斜，据报道截至2018年，可再生能源占巴西国内生产电力的79%。除以上3个主要的发展中国家之外，其他发展中国家对可再生能源的投资也在不断增长，与2016年相比，其他发展中国家2017年在可再生能源市场上的投资增长了5.3%。而在发达国家中，不同的国家根据国内状况的差异，选择了不同的可再生能源投资策略。美国、德国、英国、法国、日本等主要可再生能源投资国减少了对可再生能源市场的投资，其中英国投资额减少了65%。但与此同时，瑞士、荷兰、希腊、澳大利亚等发达国家增加了对可再生能源的投资额，其中希腊和澳大利亚的增长率分别高达287%和147%。发达国家和发展中国家可再生能源投资趋势如图3-1所示。

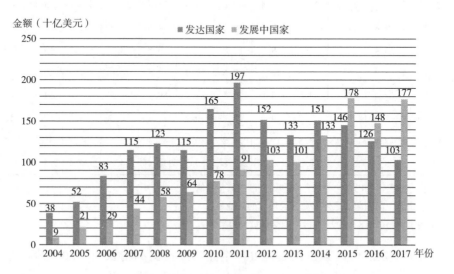

图3-1　发达国家和发展中国家可再生能源投资趋势

资料来源：《2018年全球可再生能源投资趋势报告》。

　　从可再生能源类别来看，太阳能和风能行业一直是全球最主要的可再生能源投资行业。如表3-4所示，2017年全球对太阳能和风能的投资额为2 680亿美元，占总可再生能源投资额的95.8%，与2017年相比增长了1.5%。首先，随着许多国家太阳能电池板价格和施工费用的降低，2017年全球在太阳能行业上的投资额高达1 608亿美元，与2016年相比增长了17.8%，占全球所有可再生能源投资总额的57.5%。其次，2017年全球在风能行业上的投资额为1 072亿美元，与2016年相比减少了10.5%，占全球所有可再生能源投资总额的38.3%。在太阳能与风能的开发技术不断成熟，开发成本进一步降低，以及各个国家对可再生能源发展予以政策倾斜的环境下，未来将会有更多的国家和企业对太阳能和风能行业进行投资。与此同时，由于太阳能和风能产业的飞速发展，世界各国对生物燃料、生物质能和废料以及小型水能的关注度不断下降，全球已连续6年减少对这3个行业的投资。2017年，全球在生物燃料、生物质能和废料以及小型水能上的投资额仅为101亿美元，占总投资额的3.6%。

　　发达国家和发展中国家可再生能源投资差距的增大，主要反映在太阳能行业的投资差异上。2017年，发展中国家在太阳能上的投资额为1 154亿美元，发达国家只有454亿美元。但发达国家对生物燃料更为重视，2017年其在生物燃料上的投资额为17亿美元，高于发展中国家（3亿美元）。两大经济体在风能和生物质能上的投资规模相当。

表3-4　2011—2017年各可再生能源全球投资规模

（单位：十亿美元）

年份　　　能源名称	2011	2012	2013	2014	2015	2016	2017
风能	87.2	83.6	86.4	110.7	124.7	121.6	107.2
太阳能	158.1	140.5	119.9	145.3	179.3	136.5	160.8
生物燃料	10.6	7.2	5.2	5.2	3.5	2.1	2.0
生物质能和废料	20.2	15.8	14.0	12.7	9.4	7.3	4.7
小型水能	7.6	6.5	5.8	7.0	3.6	3.9	3.4

资料来源：《2018年全球可再生能源投资趋势报告》。

根据国际能源署（IEA）2018 年发布的《世界能源展望 2040》，可再生能源平均年投资额在未来 20 年将达到 3 500 亿美元。其中，光伏将领跑可再生能源投资，平均年投资额将达到 1 200 亿美元，其中 30% 在中国。系统成本下降并未妨碍该技术的领先地位，IEA 预测到 2040 年太阳能将继续吸引最多的投资。彭博社新能源财经（BNEF）在该公司的 2018 年新能源展望（NEO）中预测，从 2018 年到 2050 年，全球在可再生能源上的投资将达到 11.5 万亿美元，其中的 73%（8.4 万亿美元）将投资于太阳能和风能。这项投资将使全球太阳能光伏发电容量增加 17 倍，风电容量增加 6 倍。预计到 2050 年，新太阳能光伏（PV）电厂的平均电力成本（LCOE）将进一步下降 71%，而陆上风电的成本则下降 58%。

3.2 中国可再生能源投资与开发的现状与趋势

3.2.1 中国可再生能源开发利用的现状及趋势

2017 年中国可再生能源装机总量位居世界第一，连续实现 7 年增长。随着中国可再生能源装机容量的扩张，中国可再生能源发电量也在不断增加。由图 3-2 可知，2017 年中国可再生能源发电量为 1.7 万亿千瓦时（kW·h），占全部发电量的 26.4%。从可再生能源类别来看，2017 年，水电装机发电量达 11 945 亿千瓦时，同比增长 1.17%，占所有可再生能源发电量的 70%；风电 3 057 亿千瓦时，同比增长 26.8%，占所有可再生能源发电量的 18%；光伏发电 1 182 亿千瓦时，同比增长 78.5%，占所有可再生能源发电量的 7%；生物质发电 795 亿千瓦时，同比增长 21.2%，占所有可再生能源发电量的 4.7%。随着国家对太阳能和风能产业的投资力度不断增加，这两个行业的发电量会长期呈增长之势。根据可再生能源"十三五"规划初步成果，2020 年商品化可再生能源发电装机容量将达到 6.8 亿千瓦，年发电量将达到 1.9 万亿千瓦时，占全部发电量的 27%。此外，2017 年中国的可再生能源消费比例达到 11.76%。据估计，中国将于 2050 年形成以可再生能源为主的能源体系，可再生能源在能源消费中的比例将达到 60%。

（单位：亿千瓦时）

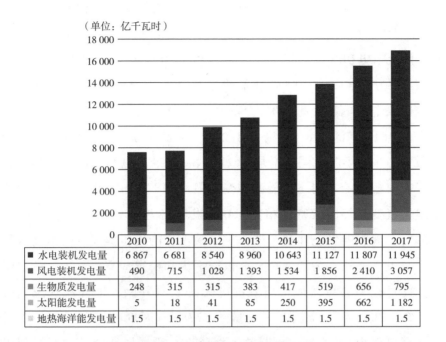

	2010	2011	2012	2013	2014	2015	2016	2017
■ 水电装机发电量	6 867	6 681	8 540	8 960	10 643	11 127	11 807	11 945
■ 风电装机发电量	490	715	1 028	1 393	1 534	1 856	2 410	3 057
■ 生物质发电量	248	315	315	383	417	519	656	795
■ 太阳能发电量	5	18	41	85	250	395	662	1 182
■ 地热海洋能发电量	1.5	1.5	1.5	1.5	1.5	1.5	1.5	1.5

图 3-2　中国可再生能源发电情况

资料来源：国家能源局、智研咨询整理。

1）风能

风能是一种蕴藏丰富又清洁的可再生能源。我国风能资源丰富，可开发利用的风能储量约 10 亿千瓦，其中陆地上风能储量约为 2.53 亿千瓦（以陆地上离地 10 米高度资料计算），海上可开发和利用的风能储量约 7.5 亿千瓦。我国风能资源主要集中在东南部沿海地区、西部、北部和东北内陆地区。东南部沿海地区与台湾岛在台湾海峡地区形成独特的狭管效应，而该地区又正处于东北信风带，主风向与台湾海峡走向一致，因此风力在该地区明显加速，风力增大，风能资源丰富。西部、北部和东北内陆地区主要包括新疆、甘肃、宁夏、内蒙古以及东北三省、山西北部、陕西北部和河北北部地区，这些地区纬度较高，处于西风带控制，同时冬季又受到北方高压冷气团影响，主风向为西风和西北风，风力强度大，持续时间长，加之这些地区海拔较高，风能衰减小，因此，具有较好的风能开发价值。截至 2017 年底，我国风能装机总容量位居世界第一。全国风能协会的报告显示，2018 年，全国新增风电装机并网 2 059 万千瓦，同比上升 37%。内蒙古、新疆、河北、甘肃、山东、山西和宁夏累计风电装机容量超过 1 000千瓦。海上风电初步进入规模化发展阶段，2018 年新增装机 160.5 万千瓦。截至 2018 年底，全国风电累计并网容量达到 18 426 万千瓦。2018年，全国风电发电量为 3 660 亿千瓦时，在全社会用电量中的比重进一步提升，由 2017 年的 4.8% 提高至 5.2%（见表 3-5）。全年风电平均利用小时数为 2 095 小时，同比增加 147 小时，是继火电和水电后的第三大能源，正在由替代能源向主要能源转变。但相对于火电来讲，风电、太阳能发电跟天气变化等因素密切相关，导致发电出力很不稳定，且不好控制。随着风能、太阳能发电在整个能源供给端占比的逐步提高，会给电网稳定运行带来更大挑战，为了保持总体供需平衡和稳定，需要逐步化解这些矛盾，在此过程中会导致风机所发的电无法及时并网，即弃风现象。由表3-6 可知，2018 年，全国弃风电量约 277 亿千瓦时，同比减少 142 亿千瓦时，弃风率为 7%，同比下降 5 个百分点，我国风能资源的开发利用取得了进一步突破。

表 3-5　2013—2018 年风电装机容量和上网电力在电力工业中的比例

年度	风电累计并网容量（亿千瓦）	全国电力装机容量（亿千瓦）	风电装机容量比例	风电年发电量（亿千瓦时）	全国电力年发电量（亿千瓦时）	风电年发电量比例
2013	0.77	12.68	6.1%	1 357	53 473	2.5%
2014	0.97	13.70	7.1%	1 550	55 459	2.8%
2015	1.27	15.08	8.4%	1 841	56 045	3.3%
2016	1.48	16.46	9.0%	2 375	59 874	4.0%
2017	1.64	17.77	9.2%	3 057	64 179	4.8%
2018	1.84	19.00	9.7%	3 660	69 940	5.2%

资料来源：2017 年及以前的数据来源于 2017—2018 中国新能源年度发展报告；2018 年的数据来源于《2018 年国民经济和社会发展统计公报》。

表 3-6　2011—2018 年中国风电年平均利用小时数和弃风率

年度	2011	2012	2013	2014	2015	2016	2017	2018
利用小时数	2 048	1 959	2 074	1 908	1 731	1 806	1 948	2 095
同比增减	−125	−89	115	−166	−177	75	142	
上网电量（亿千瓦时）	715	1 008	1 357	1 551	1 863	2 375	3 057	3 660
弃风电量（亿千瓦时）	121	208	162	149	339	497	419	277
弃风率	14.5%	17.1%	10.7%	8.8%	15.4%	17.3%	12.1%	7%
同比增减	9.5%	2.6%	−6.4%	−2.7%	7.0%	2.3%	−5.2%	−5.1%

资料来源：2018 年以前的数据来源于 2017—2018 中国新能源年度发展报告；2018 年的数据来源于国家能源局公告。

由于中国辽阔的海岸线以及海上风电具有较好的稳定性，发电量大、利用小时数长，中国海上风力发电行业发展迅速。据调查显示，我国 5 ~ 25 米水深、50 米高度海上风电技术可开发容量约为 2 亿千瓦；5 ~ 50 米水深、70 米高度可开发量约为 5 亿千瓦。全国风能协会的调研报告指出，2017 年中国海上风电累计装机 279 万千瓦，同比增长 71%，增速提高 13 个百分点；2017 年新增装机共 319 台，新增装机容量达到 116 万千瓦，较 2016 年增加 57 万千瓦，同比增长 97%，增速提高 33 个百分点（如图 3-3 所示）。装机增长速度加快，江苏省海上风电装机容量位于全国首位。预计至 2030 年，中国在运海上风电项目将达 5 000 万千瓦，装机容量占全球的近一半。

与此同时，随着市场需求的减少，我国中小型风能的生产容量和产值近年来均有较大幅度的下降。但我国进一步拓宽了风电的国际市场，2017 年中小风电设备出口到 116 个国家和地区，金额达到 3 580 万美元，与 2016 年的 2 617万美元相比增长了 37%。

2）光伏

太阳能光伏发电具有电池组件模块化、安装维护方便、使用方式灵活等特点，是太阳能发电应用最多的技术。近年来，中国在太阳能行业不断发力，投资额不断增加，2017 年达到 865 亿美元。在投资的驱动下，光伏装机容量

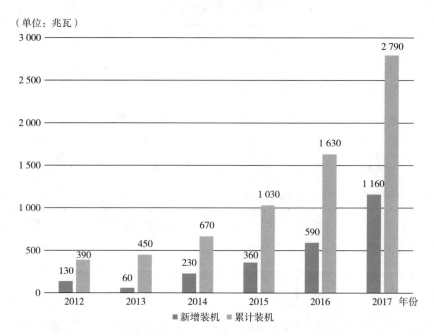

图 3-3　2012—2017 年中国海上风电装机容量统计

资料来源：全国风能协会。

不断增加，根据国际能源署（IEA）发布的报告，2017 年我国新增和累计装机容量方面均处于全球第一位。如图 3-4 所示，截至 2017 年底，中国太阳能光伏装机容量达到 130.45 吉瓦，占世界总量（402 吉瓦）的 32.45%，与 2011 年相比增加了 127.95 吉瓦。从地域分布来看，由于地形原因，我国光伏装机主要集中在"三北"地区，但近年来中国太阳能光伏行业呈现向东、中部转移的趋势，2017 年中部和东部地区新增装机容量分别占总量的 27.7% 和 20%，其中浙江、山东和安徽几乎占分布增量的 46%，这为中东部经济的发展注入了新的能量。2017 年中国光伏发电量为 118 亿千瓦时，与 2016 年相比增加了近 79%，占全国总发电量的 1.9%。与此同时，由于发电产能过剩、输电设施不足、电力系统缺乏灵活性等不利因素，西北地区长期存在弃光现象。为了解决这一问题，国家能源局等部门采取了一系列有针对性的措施，弃光问题出现明显缓解。2017 年中国的弃光率为 6%~7%，与 2016 年相比下降了 4.3 个百分点。

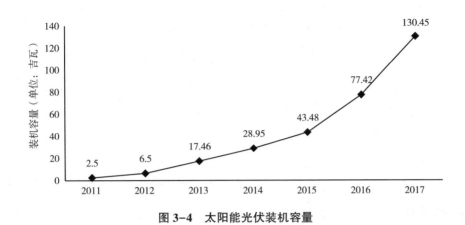

图 3-4　太阳能光伏装机容量

目前，我国光伏自给率不断提高，2016 年达到 60%左右，行业产能利用率在 90%以上。多晶硅、硅片、电池片、组件等产业链各环节生产规模以及应用市场装机的全球占比均超过 50%，位居世界首位。

3）生物质能

利用生物质能是解决当前中国雾霾问题的重要方面之一。生物质原料——秸秆、干柴等农林废弃物，在此前一直被农民露天焚烧，容易影响环境。生物质能的利用，能够将秸秆变成生物质原料，用来产油、发电，不仅带来了可替换燃油、煤电的清洁能源，也消除了秸秆焚烧所带来的环境危害。生物质发电企业对秸秆的收购，让农民得以变废为宝，实现增收，而生物质原料的收储体系建立则可带动社会就业。目前，生物质能行业是我国第三大可再生能源投资领域。生物质能是自然界中有生命的植物提供的能量，这些植物以生物质作为媒介储存太阳能，生物质发电技术是目前生物质能应用方式中最普遍、最有效的方法之一。在欧美等地，生物质能发电已形成非常成熟的产业，成为一些国家重要的发电和供热方式。美国生物质能是其最发达的可再生能源行业，约占全美能源供给的 3%。我国在生物质能发电方面起步较欧美晚，但经过十几年的发展，已经基本掌握了农林生物质发电、城市垃圾发电等技术。2018 年 1 月 24 日，中国国家能源局新能源和可再生能源司副司长梁志鹏在北京出席发布会时表示，2017 年生物质发电 794 亿千瓦时，同比增长 22.7%；截至 2017 年底，生物质发电装机 1 488 万千瓦，同比增长 22.6%，马上就要实现国家生物质能"十三五"规划 1 500 万千瓦的目标。在相关政策的激励下,我国生物质能三大形态均呈现较好的发展势头。在生物质发电上,耦合发电和垃圾发电提上日程,逐渐开始用生物质能替代煤进行冬季供暖,生物乙醇重新提上日程,生物柴油应用出现突破。此外,政府还开始主导有机废弃物无害化处理和资源化利用。由此可见,中国越来越重视生物质能的开发和利用。

我国生物质能发电资源丰富,生物质能的利用潜力大。如表 3-7 所示,中国生物质资源可转换为能源的潜力约为 4.6 亿吨标准煤,已利用量约 2 200 万吨标准煤,还有很大发展空间。今后随着造林面积的扩大和经济社会的发展,生物质资源转换为能源的潜力可达 10 亿吨标准煤,生物质能将在未来为我国经济发展提供新动力。

表 3-7 中国生物质能的利用潜力

资源	可利用资源量（万吨）		已利用资源量（万吨）		剩余可利用资源量（万吨）	
	实物量	折合标煤量	实物量	折合标煤量	实物量	折合标煤量
农作物秸秆	34 000	17 000	800	400	33 200	16 600
农产品加工剩余	6 000	3 000	200	100	5 800	2 900
林业木质剩余物	35 000	20 000	300	170	34 700	19 830
禽兽粪便	84 000	2 800	30 000	1 000	54 000	1 800
城市生活垃圾	7 500	1 200	2 800	500	4 700	700
有机废水	435 000	1 600	2 700	10	432 300	1 590
有机废渣	95 000	400	4 800	20	90 200	380
合计	—	46 000	—	2 200	—	43 800

3.2.2 中国可再生能源投资的现状及趋势

由于经济、能源、环境等多方面的压力,中国对可再生能源行业的投资不断增长。党的十九大再次强调了建立健全绿色低碳循环发展的经济体系,推进能源体系变革和可再生能源发展的任务要求。目前,中国可再生能源投资趋势和世界大趋势相同，主要集中在太阳能和风能行业，如图 3-5 所示，2017 年中国在风能和太阳能行业的投资额占可再生能源总投资比重的 96.8%。绿色和平组织和中国政府等发布的报告称，由于中国正在努力实现其非化石燃料能源目标，从 2016 年到 2030 年，中国的风能和太阳能行业有望获得高达 7 820 亿美元（5.4 万亿元人民币）的投资。目前，中国已经成为全球最大的太阳能行业投资国，2017 年中国在太阳能行业上的投资额激增至 865 亿美元，与上年度相比增长了 58%，占全球太阳能投资总额的 54.7%，占 2017 年中国可再生能源投资总额的 68%。风能投资额为 361 亿美元，与上年相比减少了 6%，风电装机容量的减少和上网电价的降低导致风电投资市场增长放缓，西北、东北等地区弃风情况仍然突出。小型水电投资额下降至 24 亿美元，同比减少了 7%。生物质能和废料投资额也减少至 15 亿美元。

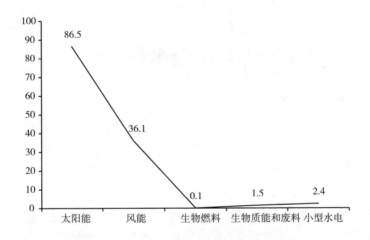

图 3-5　2017 年中国可再生能源投资情况

资料来源：《2018 年全球可再生能源投资趋势报告》。

3.3　可再生能源产业就业效应的现状与趋势

据联合国环境署、法兰克福财经管理大学-联合国环境署合作中心发布的《2018 年全球可再生能源投资趋势报告》显示，2017 年可再生能源总投资达到 2 798 亿美元（不包括大型水电）。这一数字相较于 2016 年的 2 416 亿美元，增加了 15.8%，中国是目前世界最大的可再生能源投资国。

可再生能源开发产业的发展不仅能减少污染，带来更大的社会经济效益，也能提供更多高质量且高薪的就业岗位。如图 3-6 所示，自 2012 年以来，全球在可再生能源领域工作的人数不断增长。2017 年可再生能源行业在全球创造的就业岗位数首次突破 1 000 万大关，达到 1 034.3 万，与 2012 年的 572.9 万相比，增加了 461.4 万个岗位。这说明可再生能源行业正在全世界蓬勃发展。中国、巴西、美国、印度、德国和日本是全球最大的可再生能源就业岗位创造者，合计创造的就业岗位数占全球总量的 70%。其中，中国可再生能源行业创造了 419.2 万个就业岗位，占全球可再生能源行业所有岗位（包括大型水能）的 40.5%。欧盟可再生能源就业人数在经历 2015 年的小幅下降后，又迎来连续两年的增长，2017 年欧盟可再生能源产业共产生了 160 万个就业岗位，与上一年度相比增加了 30.6%。巴西作为发展中国家最大的可再生能源投资国之一，其在可再生能源行业就业的人数也稳步增长。美国虽然

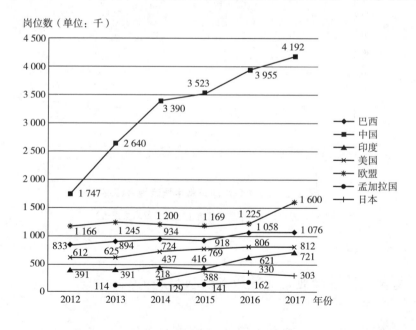

图 3-6　世界部分国家可再生能源科技创造的岗位数

资料来源：《2018 年可再生能源和就业报告》。

是第二大可再生能源投资大国，但其可再生能源所创造的就业岗位低于巴西，这可能是由于美国的发达产业数量多，因此可再生能源行业在就业市场上的竞争力不强。日本可再生能源产业提供的岗位数在近两年持续减少，这很可能是由日本近两年在可再生能源市场的投资额不断减少所致。孟加拉国曾经是世界上最不发达的国家之一，国内能源资源不足，十分缺电，因此政府着力开发可再生能源，近几年，孟加拉国可再生能源行业所提供的就业岗位稳步增加。据报道，截至 2018 年，孟加拉国可再生能源发电量为 530 兆瓦，占其总发电量的 5% 以上，其中水力发电占比近半。2019 年 3 月，孟加拉国可再生能源项目取得世界银行 1.85 亿美元的贷款，孟加拉国的可再生能源行业将取得进一步的发展。

从能源种类角度来分析，太阳能光伏、液体生物燃料、风能等行业是就业岗位创造的主体。如表 3-8 和图 3-7 所示，太阳能光伏行业是其中最大的可再生能源雇主，自 2012 年以来，太阳能光伏产业飞速发展，所创造的就业岗位持续增加。2017 年全球太阳能光伏产业创造了 337 万个就业岗位，与 2016 年相比增加了近 9%；扩张主要发生在发展中国家，如中国、印度、巴西，其中中国太阳能光伏产业创造的就业岗位数量在实现连续 7 年的增长后达到 221.6 万个，占全球总量的 65.9%，与 2016 年相比增加了 13%，与 2010 年 12 万个就业岗位相比，翻了大约 18.5 倍；巴西和印度的太阳能光伏产业

表 3-8　全球可再生能源科技创造的岗位数　　（单位：百万）

能源类别 年度	太阳能 光伏	生物 质能	风能	太阳能 供热/制冷	其他	总计 1	大型 水能	总计 2
2012	1.36	2.40	0.75	0.89	0.33	5.73	1.41	7.14
2013	2.27	2.50	0.83	0.50	0.38	6.48	1.74	8.23
2014	2.50	2.99	1.03	0.76	0.40	7.68	1.66	9.33
2015	2.77	2.88	1.08	0.94	0.40	8.07	1.63	9.71
2016	3.09	2.74	1.16	0.83	0.45	8.27	1.52	9.79
2017	3.37	3.06	1.15	0.81	0.45	8.84	1.51	10.34

资料来源：《2018 年可再生能源与就业报告》。

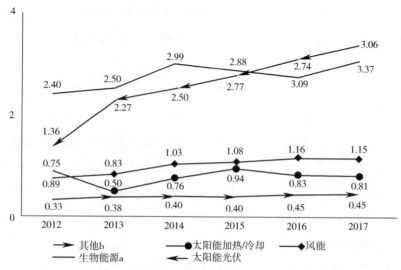

图 3-7　全球可再生能源科技创造的岗位数

资料来源：《2018 年可再生能源与就业报告》。

所产生的就业岗位数量也略有增加；而美国、日本以及欧盟在此行业创造的就业减少。液体生物燃料行业是全球可再生能源的第二大雇主。经过 2015 年的下降和 2016 年的小幅上涨后，2017 年该行业新增 20.7 万个就业岗位，达到 193.1 万个；巴西、美国、欧盟和东南亚是此行业的主角，其中巴西是全世界发展生物燃料的重要国家。早在 1975 年，巴西政府就推出了"全国乙醇计划"，通过补贴、减免工业税和增值税以及行政干预等手段，鼓励大规模种植甘蔗，生产酒精以替代石油，并大力研制使用酒精的新能源汽车。2017 年，巴西液体生物燃料行业创造了 79.5 万个岗位，占其可再生能源创造就业岗位总数的 73.9%；中国液体生物燃料行业发展较为缓慢，其创造的就业岗位在全国所有可再生能源行业中排倒数第二，仅为 5.1 万个，与 2016 年持平。众所周知，发展生物燃料是解决"能源、环境、农业"三大难题的最佳结合点，因此，未来中国需要加强液体生物燃料行业的投资开发。2017 年，全球风能产业的就业人数略有减少，但依然超过了 100 万人；而中国风能产业稳步发展，从业人数自 2010 年开始逐年递增，截至 2017 年，中国有 51 万人在风能行业就业，占世界总量的 44.4%。生物质能行业作为全球可再生能源的第四大雇主，就业人员在经过 2016 年的下跌后出现了小幅上涨，2017 年吸纳了 78

万就业人员，与此同时，中国此行业就业人员逐年减少，2016 年和 2017 年保持在 18 万人的水平，但在世界从业总人数中占比仍超过 20%。由于中国、巴西和欧盟等主要市场的放缓，太阳能供热和制冷工作岗位下降了 12%，降至 80 万个。在全球太阳能供热/制冷行业从业人员中，中国从业人员占绝大部分，约为 83%。中国在每年 11 月中旬后，长江以北大部分地区都会集中供暖，供暖方式主要是烧煤，冬季海洋气团不活跃，北半球亚洲大陆大气扩散条件差，污染物难以被风吹散，因而许多北方地区冬天雾霾严重。太阳能作为清洁能源，使用其进行供暖能够很好地解决上述环境问题。2017 年 12 月 20 日，国家发改委官网对外发布了《北方地区冬季清洁取暖规划（2017—2021 年）》，太阳能供热/制冷行业所创造的就业岗位数在未来很可能会再次回升。此外，中国沼气、小型水能等行业所创造的就业岗位并不多，从业人员也在逐年递减。

表 3-9 各主要国家可再生能源行业创造的岗位数 （单位：千）

能源种类	年度	世界	中国	巴西	美国	印度	日本	孟加拉国	欧盟		
									德国	法国	其他欧盟国家
生物质能	2010										
	2011										
	2012	753	266		152	58			57		
	2013	782	240		152	55			52	44	210
	2014	822	241		152	58			52	53	238
	2015	822	241		152	58			49	48	214
	2016	723	180		79.7	58			45.4	50	238
	2017	780	180		80	58				389	
液体生物燃料	2010			730							
	2011										
	2012	1 379	24	804	217	35			23		
	2013	1 453	24	820	236	35			26	3	82
	2014	1 788	71	845	282	35	3		26	30	42
	2015	1 678	71	821	277	35	3		23	35	47
	2016	1 724	51	783	283.7	35	3		22.8	22	48
	2017	1 931	51	795	299	35	3		200		

续表

能源\种类	国别\年度	世界	中国	巴西	美国	印度	日本	孟加拉国	德国	法国	其他欧盟国家
沼气	2010										
	2011										
	2012	266	90			85			50		
	2013	264	90			85			26	3	82
	2014	381	209			85		9	49	3	14
	2015	382	209			85		9	48	4	14
	2016	333	145		7	85		15	45	4.4	15
	2017	344	145		7	85			71		
小型水能	2010										
	2011										
	2012	109			8	12			7		
	2013	156		12	8	12		4.7	13	1.5	18
	2014	209	126	12	8	12		5	13	4	24
	2015	204	100	12	8	12		5	12	4	31
	2016	211	95	11.5	9.3	12		5	6.7	4	35
	2017	290	95	12	9.3	12			14		
太阳能光伏	2010		120		100.2						
	2011										
	2012	1 360	300		90	112			88		
	2013	2 273	1 580		143[①]	112	100		56	11	153
	2014	2 495	1 641		174[②]	125	210	115	56	26	82
	2015	2 772	1 652	4	194	103	377	127	38	21	84
	2016	3 095	1 962	4	241.9	120.9	302	140	31.6	16	67
	2017	3 365	2 216	10	233	164	272		100		

能源 种类 ＼ 国别 年度	年度	世界	中国	巴西	美国	印度	日本	孟加拉国	欧盟		
									德国	法国	其他欧盟国家
聚光太阳能	2010										
	2011										
	2012	37			17				2		
	2013	43							1	28	0
	2014	22							1		14
	2015	14			4				0.7		5
	2016	23	11		5.2				0.7		3
	2017	34	11		5.2				6		
太阳能供热/制冷	2010										
	2011										
	2012	892	800		12	41			11		
	2013	503	350	30		41			11	1	31
	2014	764	600	41		75			11	7	19
	2015	939	743	41	10	75	0.7		10	6	19
	2016	828	690	43.4	13	13.8	0.7		9.9	5.5	20
	2017	807	670	42	13	17	0.7		34		
风能	2010		150	14							
	2011										
	2012	753	267	29	81	48			118		
	2013	834	356	32	51	48		0.1	138	24	166
	2014	1 027	502	36	73	48	3	0.1	138	20	162
	2015	1 081	507	41	88	48	5	0.1	149	20	162
	2016	1 155	509	32.4	102.5	60.5	5	0.33	142.9	22	165
	2017	1 148	510	34	106	61	5		344		

注：①2013 年美国太阳能光伏、聚光太阳能和太阳能供热/制冷三个行业创造的总再就业岗位数量为 143 000 个。

②2014 年美国太阳能光伏、聚光太阳能和太阳能供热/制冷三个行业创造的总再就业岗位数量为 174 000 个。

资料来源：《2018 年可再生能源和就业报告》。

　　由表3-9所列数据可知，随着可再生能源在全球能源体系中的作用日益增大，吸引了越来越多的工人进入可再生能源行业就业，其中中国是全球最大的可再生能源就业市场。据国际可再生能源机构（IRENA）预计，到2030年，可再生能源领域的从业人数将达到2 400万；到2050年，这一领域创造的就业岗位将达2 800万个。可再生能源未来将成为世界各地的主要经济驱动力。从中国来看，太阳能行业一直是可再生能源行业中最大的劳动力市场，人才总量不断增加，产业已经聚集了一批全玻璃真空集热管、平板膜层、搪瓷水箱、系统集成、供热制冷、远程控制、工程安装、装备制造、检测技术等方面的人才。与此同时，可再生能源行业也为社会解决了就业问题，为社会和谐稳定做出了贡献。如今，全国30多所本科院校陆续设立了新能源专业，在多家企业建立了博士后工作站，今后将为该行业输送更多的科技人才。

4 基于产出的可再生能源产业
就业效应的静态估计

4.1 研究背景

在我国经济快速增长与综合国力稳步提升的同时，粗放式的增长方式所带来的高污染物排放与低环境容量间的矛盾逐步凸显。对处于工业化进程中的中国来说，向绿色经济转型是保持经济社会可持续发展的必然选择。然而，人们在谈论到经济环境协同发展以及向绿色经济过渡时，往往会过多地强调其经济成本，而忽视这种转型过程本身所带来的就业机会。事实上，根据联合国环境规划署的统计，到2012年，全球与可再生能源产业相关的就业人数已增长至500万，其中约160万就业岗位在中国。已经有很多研究表明，快速发展的可再生能源产业就业正在成为新增就业的重要来源。在德国，由可再生能源产业引致的就业效应在2004年到2009年间增加了一倍，预计到2030年，可达400万工作年（O'Sullival等，2010；Wei，2010）。其中，风电、太阳能和生物质能等主要可再生能源的市场具有巨大的就业潜力。据测算，到2030年，风电、太阳能光伏与生物质能的就业效应分别可达到为214.4万人年、354.7万人年与1 200万人年，并且这一效应会随着可再生能源技术成本的下降进一步扩大。可再生能源产业发展与就业的增长还会推动我国产业生态效率的持续改善。按照我国对风电产业的规划，至2020年，风电产业在净增加6.6人年/兆瓦工作岗位的同时可降低512.2亿元的环境成本（李虹等，2010）。

本研究中的就业效应主要是指可再生能源产业发展过程中投资或规模变化所引起的就业数量变动，包括直接效应与引起上下游部门产出变化的间接效应。虽然国外学者近年来的实证研究发现可再生能源产业发展对就业具有显著的正直接效应。（Kammen 等，2004，2009；Lehr 等，2008，2012；奥沙利文等，2010；Wei，2010），但对于长期包括间接效应在内的总体就业效应还存在一些争议。弗朗德尔等（Frondel 等，2010）提出由于政府的价格补贴政策与可再生能源产业中设备的进口比例较高，长期来看，德国的光伏产业发展具有负的就业净效应。同时，不同项目部门与能源种类的就业效应具有很强的异质性。从生命周期概念下的产业链角度来看，可再生能源在生产部门创造的就业岗位比在服务、经营管理环节要多，使得可再生能源产业的发展成为各国振兴制造业的一个突破口（Kammen，2007；Lehr 等，2012；Lutz，2013）。从能源种类上来看，风能、太阳能与生物质能是当前发展最快的三种技术，REPP（2006）估计在 2003—2013 年，美国的风电制造环节的就业机会约占全部就业机会的 66%。卡门等（2004，2012）发现风电的直接就业效应系数平均在 0.16 人年/吉瓦。光伏发电整个产业链的就业效应十分突出并显著高于风电（Ban-Weiss 等，2010），约为 0.68 人年/吉瓦［欧洲光伏产业协会（EPIA）、绿色和平组织（Greenpeace），2011］。与此同时，国内学者对于可再生能源产业发展的就业效应研究方兴未艾，现阶段的研究大都集中在对绿色就业岗位的行业论述与内涵分析（人力资源和社会保障部劳动科学研究所课题组，2010；周亚敏，2014），缺少可靠的量化研究。少数进行量化测算的实证研究也集中在能源对于产出的效应上，较少涉及就业效应。绝大多数的学者都肯定了能源和技术进步对经济增长的作用（袁志刚，2002；蔡昉，2004；张丽宾，2006；刘健，2009），1978—2008 年，我国每 1% 的可再生能源的消费能带来 GDP 0.120%、人均 GDP 0.162% 的增长（Fang，2011）。极少数学者对就业效应测算进行了有益的尝试，但由于方法的局限，没办法估计整体就业效应，估计模型也不具有预测功能（李虹，2011）。

4.2 测量方法

现有的就业效应估计方法主要分为两类。一类是应用投入产出模型分析计算可再生能源产业对就业的影响（Heavner，Churchill，2002；Neuwahl，2008；Wei，2010），该方法反映了产业发展对整个经济的就业效应，不仅包括直接效应，还包括由于可再生能源产业发展所引起的上下游部门产量、收入变化而引致的就业变化。然而，这种方法有两个基本假设（即产出与投入之比为常数，要素价格恒定），具有局限性。它们排除了工艺流程或者要素价格变化所引致的投入品之间的替代效应，这使得就业效应的估计存有缺陷。另一类是应用分析方法，对可再生能源产业链的各个阶段进行系统分析从而估算出能源产业各生命周期阶段对就业的贡献（Singh，Fehrs，2001；Kammen 等，2004；Lehr，2008；李虹，2011）。应用分析方法直接通过统计包括建设、安装、制造、运营和维护环节在内的可再生能源创造的岗位数量和计算单位装机就业人数来测算就业效应。该方法虽然假设条件较少，但其忽视了乘数效应所引致的间接就业以及由于可再生产业发展所造成的传统能源行业的工作损失，容易低估就业的负效应。针对两种方法的局限，有学者提出了将商品、价格、资本存量与劳动市场整合在一起的综合宏观经济模型（B. Hillebrand 等，2006；Lehr，2008，2012）。但这些方法对数据完整性的要求很高，针对德国和美国的研究在具体能源种类的适应性与情景条件上与我国的实际情况有很大差距，因此很有必要探索与开发适用于我国可再生能源就业效应的一般均衡模型。

在可再生能源就业效应的具体测量中，一般采用三类指标。一是投资的就业弹性，含义是每万元投资创造的就业机会，单位为"岗位/万元"。例如，韦斯布罗德等（Weisbrod 等，1995）的研究发现，在艾奥瓦州，每投资 100 万美元于风电，可创造 2.5 个工作年的就业机会；REPP（2001）的研究发现，每投资 100 万美元于风电或光伏发电，可创造 5.7 个工作年的就业机会，而煤电为 3.9 个。二是能源产出的就业弹性，含义是将不同的可再生能源以发电量作为最终产出进行衡量，每单位电所创造的就业岗位数。单位通常为"岗位/吉瓦时""岗位/兆瓦时""岗位/千瓦时"等。Wei 等（2010）的研究就是从这个角度总结了 15 项可再生能源和能源效率研究的就业效应。三是生产能力的就业弹性，即每单位装机容量所创造的岗位数，装机容量描述了生产设备满负荷运营时的年发电量，因此这类弹性的含义是当设备的使用效率为 100% 时，该种能源所能创造的就业效应的最大规模，代表了在一定时期内、一定技术水平下某种能源创造岗位的潜力。单位一般为"岗位/吉瓦""岗位/兆瓦"等。卡门（2007）从这个角度总结了 13 项相关研究中的可再生能源就业效应。

由于投资额直接影响了生产能力，而生产能力与产出密切相关，可以通过代表利用率的容量因子进行折算，因此三类指标之间存在较为密切的联系。林宝（2016）认为，由于可再生能源是一个快速发展的行业，单位造价可能因技术进步和规模效应等因素的影响出现较快的下降，因而某一装机容量对应的投资也会发生较大变化，而一旦装机容量确定，发电量则相对稳定。因此，除非是为了考察投资的影响，否则单纯从就业效应的角度考虑，采用产出或生产能力的就业效应系数作为测量指标可能更为准确和有参考价值。因此，本部分可再生能源产业发展就业效应的静态估计首先选择应用投入产出模型与应用分析法来计算，测量时使用能源产出的就业弹性。在下一章节中，本书将会采用第三个指标衡量生产能力的就业效应系数。

4.3 基于产出的就业乘数的就业效应估计

4.3.1 技术路线特点

首先，本书利用已有研究基于投入产出表估算的就业弹性获得了各可再生能源行业的静态就业乘数，在此基础上进一步测算可再生能源产业的直接和间接引致的就业规模，统计年鉴中的行业分类如表 4-1 所示。采用这种技术路线的特点如下：

表 4-1　2011 年国家统计局行业分类中与可再生能源相关的行业分类

电力、热力的生产和供应业	行业释义
火力发电	指利用煤炭、石油、天然气等燃料燃烧产生的热能，通过火电动力装置转换成电能的生产活动
水力发电	指通过建设水电站将水能转换成电能的生产活动

电力、热力的生产和供应业	行业释义
核力发电 风力发电 太阳能发电	指利用核反应堆中重核裂变所释放出的热能转换成电能的生产活动
其他电力生产	指利用地热、潮汐能、温差能、波浪能、生物能及其他未列明的能源的发电活动

（1）建立在投入产出表上的就业效应能够反映一定历史时期各个行业部门的相互关联关系，从而将由于某一产业投入增加引起的其他关联产业的就业变化也纳入进来。

（2）作为纯技术性参数，它较少受到其他经济社会因素的影响，是一种静态均衡。

因此，我们可以将基于投入产出表测算的就业弹性视为静态条件下的参考值，通过结合调研过程中各具体能源技术的局部就业弹性来对异质性能源的就业效应进行补充和调整。

在此，我们选取了牟俊霖（2012，2015）对 42 个行业的就业弹性进行估算的结果，其中第一产业从业人员来自 2006—2011 年《中国统计年鉴》中按三次产业分的就业人员数，第二、三产业从业人员数据来自 2004 年、2008 年《中国经济普查年鉴》表 1-4 以及《第三次全国经济普查主要数据公报》（第一号），值得注意的是，普查数据没有调查个体从业人员，这是本数据唯一的缺陷。该数据使用的 2005 年投入产出表来自 OECD 网站发布的数据①，2007 年和 2010 年投入产出表分别来自《中国 2007 年投入产出表》和《中国 2010 年投入产出表》。

1）直接消耗系数与就业乘数

如表 4-2 所示，直接消耗系数 T_{ij} 的含义是一个货币单位 j 行业产出所消耗的 i 行业的货币单位的投入量，可以反映一个行业产出增加引致本行业就业

---

① http：//www.oecd.org/document/32/0，3343，en_ 2649_ 34445_ 42162912_ 1_ 1_ 1_ 1，00. html。

增加的能力。与之相对应的概念是就业乘数，它反映一个行业产出增加直接和间接对国民经济各个行业就业产生的影响，能够反映一个行业吸纳就业能力的大小。其中，平均就业乘数是各行业直接和间接创造就业的总和，是考察各行业静态就业吸纳能力的主要指标。边际就业乘数是衡量各行业动态就业特征的主要指标，主要反映各行业的就业创造或者就业增长能力。

表4-2　直接消耗系数与就业乘数

所属行业大类	直接消耗系数 T_{ij}	平均就业乘数	边际就业乘数
电力、热力的生产和供应业	0.01	0.052	0.005

资料来源：牟俊霖. 促进我国就业增长的行业特征研究［J］. 技术经济与管理研究，2012（3）. 笔者按照2015年的数据更新。

2）劳动力投入系数与就业效应

黄涛等（2002）利用投入产出方法对行业的就业吸纳能力进行了考察，并对投入产出关系进行了国产率的修正，在此基础上得到了各行业增长的就业效应，揭示了产业结构和就业之间的关系。

表4-3中劳动力投入系数是指生产单位某一行业产品所投入的劳力，其与直接消耗系数类似，仅反映一个行业产出增加引致本行业就业增加的能力，不能反映该行业产出增加引发间接消耗各个行业产品引致的各个行业的就业变化。就业效应是指在其他行业的最终使用不变的情况下，某一行业最终使用增加一个单位引致各个行业劳动力变化数量，其反映了一个行业吸纳就业能力的大小。电力生产行业的劳动力投入系数为0.067，即意味着电力生产行业的产出增加1万元，本行业增加就业0.067个；就业效应为0.082，含义是该行业最终使用增加1万元，会引致各个行业增加就业总人数为0.082人。

表4-3　产能过剩行业劳动力投入系数和就业效应

行业名称	劳动力投入系数	就业效应
电力、热力的生产和供应业	0.067	0.082

资料来源：黄涛，等. 中国行业吸纳就业的投入产出分析［J］. 经济科学，2002（1）.

3）就业效应估计

由于不同学者基于投入产出表估算的就业弹性不同，本书利用可再生能源相关产业 2012 年的产值，对当年的就业规模进行了估算。之所以选择 2012 年产值数值，是因为国家统计局从 2012 年后不再公布分行业的工业总产值，而我们可以利用 2012 年的小行业类别的规模以上企业的销售产值除以销售率求得总产值。如表 4-4 所示，水能由于产值基数巨大成为可再生能源行业中就业规模最大的行业。此外，风能也创造了较大的就业规模，在高弹性情景下，年度就业规模达到 45.42 万人。太阳能发电的就业效应比较有限，在高弹性情景下就业效应为 3.59 万人。

表 4-4　基于产出的可再生能源就业效应估计

能源类别	就业弹性估计值	2012 年产值（亿元）	低弹性就业效应（万人）	高弹性就业效应（万人）
水电		2 206.79	114.75	180.96
风电	0.052/0.082	553.940 6	28.80	45.42
太阳能发电		43.744 34	2.27	3.59
其他电力生产		231.877 2	12.06	19.01

注：其他电力生产行业包含了地热、潮汐能、温差能、波浪能、生物能等可再生能源电力生产行业的产值与就业总和。在最新的《国民经济行业分类》（GB/T 4754—2017）中，已经将生物质能单独作为一类。

4.3.2　不足之处

利用基于投入产出法的就业弹性进行可再生能源产业就业效应的估计也存在一些缺陷和不足。

（1）属于静态技术参数。建立在投入产出法上的就业效应能够反映一定历史时期各个行业部门的相互关联关系，从而将由于某一产业的产值增加引起的其他关联产业的就业变化也纳入进来。但它是一种静态技术参数，即假设就业变化完全是由产值变化引起的，不受产值外其他因素的扰动。如果经济形势和要素市场运行平稳，这一方法尚且可行；一旦经济运行环境发生较大的变动，技术产生重大变革，那么非产值因素就可能对就业产生额外的扰动，产值变化与就业变化的联系方式也可能发生改变。

（2）缺乏不同可再生能源技术就业弹性的测量。由于我国产出和就业细分行业数据缺乏，运用投入产出表测算的就业弹性只能聚焦于中等类别的行业，无法测算小类别行业的就业弹性，使得本部分的测算结果以所有可再生能源技术的就业弹性一致为前提，而这一假设与许多国外研究结果不符。因此，基于投入产出法的就业弹性测算无法探索不同可再生能源技术之间在岗位创造能力上的异质性，更无法描述具体的技术环节中岗位是如何产生的。对于这些细节信息，下一节将利用应用分析法进行基于生命周期产业链的就业弹性的研究。

4.4　基于应用分析法的可再生能源的直接就业效应及可再生能源产业链异质性分析

4.4.1　应用分析法

应用分析法是一种自下而上的估算方法。首先统计某种能源的最终装机设备量，然后按照该可再生能源产业链生命周期各阶段估算单位装机创造的就业人数。传统的产业链生命周期阶段包括设计研发阶段、设备生产制造阶段、建设与安装阶段、运行与维护阶段以及升级或废弃阶段。按照不同生命周期阶段岗位特性的不同可将就业岗位分为两类，即建设、安装与制造（CIM），运行与维护（O&M）。在运用应用分析法进行核算的时候，需要特别处理的问题是，第一类岗位的工作是一次性的，常用的衡量就业的单位是"工作年/兆瓦装机""人年/峰值兆瓦"；而后一类的工作是持续进行的，一般的单位是工厂生命周期内峰值运行时的工作岗位数。我们需要将两种岗位单位统一，方便汇总。此外，这种在生命周期内进行平均的方法可以直观地处理所有类别的岗位，忽略一次性工作与持续性工作岗位的区别，使其可以比较。这种方法的缺点是会低估那些快速扩张能源产业的就业效应。进行标准化处理的具体方法是按照装机容量峰值计算的总就业效应乘以容量因子，换算得到"平均就业效应/兆瓦"，做这种标准化处理后就可以比较不同能源技术之间的就业效应了。每种可再生能源每年的就业效应可以利用以下两个参数求得：某种能源每年的开发利用量（吉瓦时）、就业乘数（工作年/吉瓦时）。在本章接下来的部分，我们结合企业现场数据调研与将企业产值转化为相应就业岗位的方法，根据装机容量、容量因子和就业人数估算基于产出的就业效应系数。

4.4.2 风能产业发展的就业效应

本小节选择全国最具代表性的风能发电集团——JF集团作为研究对象，探索全生命周期产业链下，风能产业的就业弹性。JF集团，成立于1998年，全球风电装机容量超过50吉瓦，占全国风电市场的1/3，相当于半个山东省的装机容量，全球风电机组安装超过31 000台，全球7个研发中心拥有员工超过8 000人，拥有约4 000项专利，可为全球风能市场提供解决方案。风电产业生命周期产业链很长（如图4-1所示），以单个发电项目向上追溯涉及多个零部件和整机制造商的岗位情况，调研难度大，多次数据汇总会造成更大的测量误差。而JF集团内部基本包含了风电机组的几乎所有零部件和整机制造环节，选择它作为应用分析法的研究对象可以帮助我们更便捷和准确地估计风电设备生产、制造和安装环节与运营维护环节创造的就业岗位数量，更好地把握风能产业的就业效应。

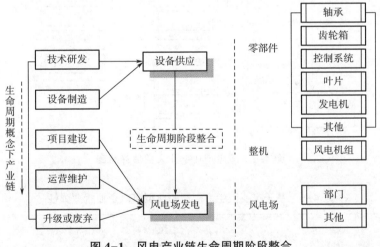

图4-1 风电产业链生命周期阶段整合

如图4-1所示，轴承、齿轮箱、控制系统、叶片、发电机等主要零部件组合成风机整机，整机经过吊装和调试后具备发电能力，一批风机整机运行在一个相对接近的区域并由一套控制系统进行控制，便组成了一个较为典型的风电场。以装机容量为462兆瓦的风电场为例，各主要零部件生产环节的人员构成如表4-5所示。

表4-5　风电生产、制造和安装环节岗位情况

	风电厂家安装制造	叶片	发电机	轴承	铸件	塔筒	其他	合计
按照生产462兆瓦的人员配置	430	633	120	140	80	60	75	1 538

应用分析法操作关键是以最终项目为视角自下而上倒推就业人数（图4-2），而不能以生产制造商企业中现有人员数作为计算基础，否则在测算过程中无法纳入容量因子，无法准确推测就业弹性。在叶片、发电机、轴承、铸件、塔筒及其他（柜体、重要电气等）零部件制造环节需要的人员数量为1 538人，工作1年，共计1 538人年。

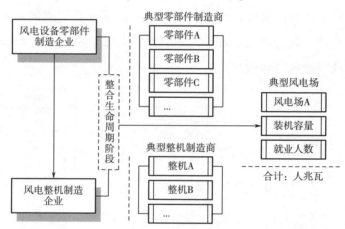

图4-2　风电产业就业人数估算思路

表4-6　基于产业链生命周期的典型风电企业就业弹性

可再生能源类别	装机容量（兆瓦）	发电设备平均利用小时数（或容量因子）	CIM环节就业人数（工作年）	O&M环节就业人数（工作年）	设备生命周期（年）	就业弹性工作年/（兆瓦）
风电机组整机制造商①	462	无	1 538	无	21	0.78
风力发电企业②	1 786（0.204）	无	1 600	0.68		

注：①2018年新增装机。
②国电山东风力能源有限公司下辖8个风电场的平均值。

如表4-6所示，JF集团一个风电项目总的装机容量是462兆瓦，其在开发和制造环节一共需要1 538人工作一年，在运行与维护环节需要80个人工作20年，因此两个环节能分别换算成1 538工作年和1 600工作年，将这一就业效应平均到这一机组的整个生命周期21年，就是73.24工作年和76.19工作年，最后考虑容量因子20.4%，计算得到两个环节的就业效应弹性为0.78人年/兆瓦和0.68人年/兆瓦。该测算在运营与维护环节上的就业弹性高于可再生能源与政策项目（2001）的估算值0.1，而在生产、制造和安装环节的就业弹性低于该项目的估计值3.8人年/兆瓦。

4.4.3 太阳能光伏产业发展的就业效应

从综合利用的角度来看，太阳能光伏与光热发电是太阳能大规模利用的主要方式。虽然太阳能光热发电相对于传统光伏发电有很多优点，但太阳能光热发电需要大量熔盐作为热能转换介质，同时还需要大量水，对地理环境要求相对较高，整个产业链还不够健全和稳定。截至2017年底，我国太阳能光热发电的总装机容量约为3吉瓦，而同期传统光伏发电总装机容量约为130吉瓦，前者仅为后者的2.3%左右，占比较小。所以，本书暂不测算太阳能光热发电产业的就业效应，主要集中分析太阳能光伏发电产业发展及其就业效应。

为此，本研究选择了TBGD集团作为典型企业进行应用分析法研究。TBDG作为全球卓越的绿色智慧能源服务商，致力于为新能源行业客户提供优良的解决方案并提升能源效率，构建了中国唯一的"煤电—多晶硅—硅片—组件—并网逆变器—静止无功发生器—光伏电站"一整套电力能源产业链。2017年，公司多晶硅生产规模居世界第四位、中国第二位，拥有完善的"EPC工程建设及服务，项目资源开发与BOT"核心业务能力，业务领域涉及光伏电站的开发、设计、建设、调试、运维、产品售后服务全过程，拥有建设大型荒漠电站、山地电站、渔光互补、风光互补、农光互补、商业屋顶电站、住户屋顶电站的丰富经验。本研究选择TBDG作为调研的对象能够在一个观测单位中抓取光伏发电的完整产业链条，从而可以更为清晰和准确地把握该产业总生命周期的就业效应。

图4-3描述了光伏发电产业的全生命周期阶段整合图，其中包括光伏产业链中最重要的原材料多晶硅的生产制造，太阳能面板和其他电池组件的生产制造，逆变器和蓄电池等零部件的生产制造及集成，光伏电站的建设和调试等。如图4-4所示，在对光伏产业进行就业效应的计算时，按照国际应用分析法的统计惯例，将全生命周期分为建设安装和制造环节（CIM）以及运营维护（O&M）环节。由表4-7可知，以TBDG一个400兆瓦的光伏发电项目为例，在多晶硅生产制造及相关环节需要用工人数为356人工作一年，逆变器研发制造及相关环节需要常规用工102人工作一年，其中外包人数为50人年，光伏电站的制造环节需要135人工作一年，因此综合计算可得生产安装制造环节一共需要593人年。在光伏电站的运营维护环节，每年需要480人工作，其中3/4的员工来自外包，按照设备生命周期20年计算，需要的岗位数量是9 600工作年。

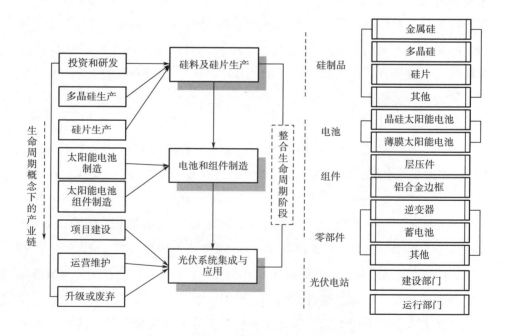

图4-3 光伏发电产业链生命周期阶段整合

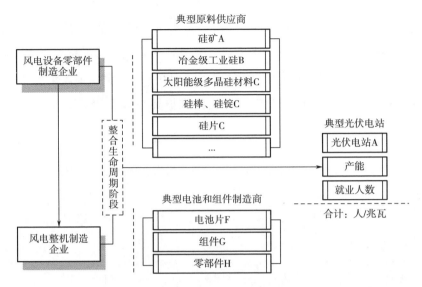

图 4-4 光伏发电产业就业人数估算思路

表 4-7 典型光伏电站产业链中的岗位情况

400 兆瓦光伏电站产业链中的就业效应	就业（人/年）		产出
	常规用工	外包用工	
多晶硅生产制造及相关	356	—	0.48 万吨
逆变器研发制造及相关	52	50	400 兆瓦
光伏系统集成及应用（生产制造）	135	—	400 兆瓦
运营与维护	120	360	400 兆瓦

如表 4-8 所示，TBDG 集团某光伏发电项目的总装机容量是 400 兆瓦，其在开发和制造环节一共需要 593 人工作 1 年，在运行维护环节需要 480 个人工作 20 年，因此两个环节能分别换算成 593 工作年和 9 600 工作年。将这个就业效应平均到这一机组的整个生命周期（21 年）就是 28.24 工作年 和 457 工作年，最后再考虑容量因子 0.127，计算得到两个环节的就业效应分别为 0.56 工作年/兆瓦和 9 工作年/兆瓦。在光伏发电的生命周期中，光伏系统集成及应用中的工程总承包（EPC）和运营维护环节中的劳务外包现象非常普遍，如果将全口径的就业人数都统计在内，就业弹性将会更高，并且显著高于其

他可再生能源。对比已有对光伏发电直接就业效应的研究结果，在生产安装和制造环节（Wei 等，2010）的测算值为 1.43~7.40 人年/兆瓦，在运营维护环节其预测值为 0.60~5 人年/兆瓦，本书测算的典型光伏发电产业在 CIM 环节的就业效应略低于国外对应产业的水平，而在 O&M 环节显著高于其他测算的结果。可见在光伏发电产业链中，运营维护环节具有较好的就业弹性，蕴藏着巨大的就业潜力。

表 4-8　基于产业链生命周期的典型光伏发电企业就业弹性

可再生能源类别	装机容量（兆瓦）	发电设备平均利用小时数（或容量因子）	CIM 就业人数（工作年）	O&M 就业人数（工作年）	设备生命周期（年）	就业弹性工作年/兆瓦
光伏发电	400	无	593	无	21	0.56
		1 115（0.127）	无	480×20		9

4.4.4　生物质能产业发展的就业效应

生物质发电包括农林废弃物直接燃烧发电、农林废弃物气化发电、垃圾焚烧发电、垃圾填埋气发电、沼气发电等。本书选择了 ASW 生活垃圾焚烧发电厂作为典型企业，利用应用分析法研究其就业效应的系数。ASW 生活垃圾焚烧发电厂是响应国家《关于印发全国城市生活垃圾无害化处理设施建设"十一五"规划的通知》等精神建设的生物质发电厂，日焚烧生活垃圾 3 000 吨，配套装机容量 2 台 30 兆瓦的发电机组，年发电约 3.6 亿度，占地约 127 亩，总投资约 17.8 亿元。该工程采用垃圾焚烧处置技术，项目内容包括生活垃圾的运输与接收系统、分选系统、焚烧发电处理设施、废水和烟气净化处理设施等。生活垃圾不仅能够通过焚烧发电上网提供绿色能源，为实现原生垃圾零填埋做出贡献，还可以将现况填埋堆体的陈腐垃圾进行筛分处理，恢复土地，节约土地资源。配套建设的其他设施还可以对垃圾产生的渗沥液进行处理回用，节约水资源；对垃圾焚烧产生的飞灰和残渣进行资源化处置，降低环境污染，改善环境质量。

图 4-5 是一个典型生物质发电产业生命周期的整合图，分为原材料供应、设备供应（整机和零部件）与生物质发电三个流程，本书的案例以生活垃圾作为原料发电。

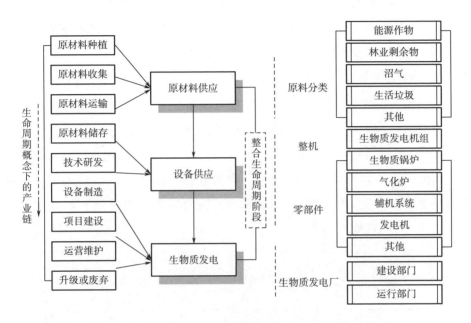

图 4-5 典型生物质发电产业链生命周期阶段整合

如图 4-6 所示，该生物质发电厂拥有 2 台 30 兆瓦机组，其中发电机整机制造需要 150 人年，零部件制造方面汽轮机、锅炉等分别需要 300 人年、143 人年等，现场安装调试需要 220 人年，所以生产、制造和安装环节共需要 663 人年。在运营维护环节需要 120 人工作 20 年，共 2 400 人年。除以该项目发电机组的生命周期 21 年，两个环节的平均就业效应分别为 31.57 工作年和 114.3 工作年。发电设备利用小时数指发电机组在 1 年内平均的满负荷运行时间，每年满负荷发电时间是 8 760 小时，发电设备利用小时数所占的比重，又称"设备利用率"，即容量因子。电力行业是投资密集型的产业，扣除设备检修等必要的停机时间，发电小时数越高，设备所创造的经济价值越高。因此，发电小时数对投资者的经济效益影响巨大。ASW 的发电设备平均利用小时数是每年 8 000 小时，换算成容量因子为 0.911，远高于其他类别的可再生能源，主要原因是垃圾焚烧发电站的主要功能不是发电，而是不间断及时焚烧处理每天产生的大量生活垃圾，所以发电设备平均利用小时数较高，换算成容量因子也较高。考虑容量因子后，生物质发电产业在 CIM 环节的就业弹性为 0.58 工作年/兆瓦，O&M 环节的就业弹性为 2.10 工作年/兆瓦。对比国外相关研究得出的就业弹性 CIM 环节估计值（Wei 等，2010）测算的 0.13~0.25 人年/兆瓦，基于 CAREC（2004）相关数据测算的 0.06 人年/兆瓦和基于 NNFCC（2012）数据测算的 0.39 人年/兆瓦，我国典型生物质发电企业在生产安装和制造环节的就业效应略微大于其他国家的水平。而运营维护环节的就业弹性估计普遍大于生产安装和制造环节，为 1.12~1.80 人年/兆瓦，我国在这一环节的就业效应系数显著大于其他国家的测算结果。这说明，我国生物质能产业发展可以创造可观的就业空间，再加上该能源对环境质量的改善效果，发展这一能源产业具有兼顾"就业-环境"社会双效益的特点。

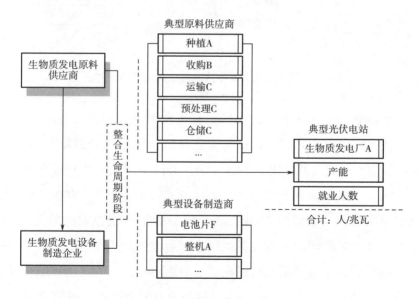

图 4-6　生物质发电产业就业人数估算思路

表4-9　基于产业链生命周期的典型生物质发电企业就业弹性

可再生能源类别	装机容量（兆瓦）	发电设备平均利用小时数（或容量因子）	CIM 环节就业人数（工作率）	O&M 环节就业人数（工作率）	设备生命周期（年）	就业弹性（工作年/兆瓦）
生物质发电	60	无	663	无	21	0.58
		8 000（0.911）	无	120×20		2.10

4.5　本章小结

本章从可再生能源产出角度运用两种不同的方法测算了可再生能源产业的就业效应。首先，本章利用已有研究基于投入产出表测算得出的电力、热力生产与供应业的就业弹性。而后利用最近可得的 2012 年可再生能源行业产值数据，得出了细分行业的就业规模，其中除水电外，风能产业拥有的就业规模最大，生物质能产业次之，就业规模最小的是太阳能光伏产业。光伏能源的就业效应之所以较小，是因为我国光伏的集中投资期为 2014—2016 年，这段时间太阳能光伏产业的增长速度很快，就业规模也随之增长。而由于产值数据的局限性，本章测算的是 2012 年的光伏产业就业规模，所以看上去与下文就业弹性的测算结果并不相符。

随后，为探索细分行业就业弹性的异质性，本章又分别选择了三类典型企业运用应用分析法测算了基于可再生能源产出的就业效应系数，结果如表4-10 所示。

表4-10　基于产业链生命周期的典型可再生能源产业就业弹性

可再生能源类别	装机容量（兆瓦）	发电设备平均利用小时数（或容量因子）	CIM 环节就业人数（工作年）	O&M 环节就业人数（工作年）	设备生命周期（年）	就业弹性工作年/兆瓦
风能发电	462	无	1 538	无	21	0.78
		1 786（0.204）	无	1 600		0.68
光伏发电	400	无	593	无	21	0.56
		1 115（0.127）	无	480×20		9
生物质发电	60	无	663	无	21	0.58
		8 000（0.911）	无	120×20		2.10

　　总体来看，就业弹性最大的是太阳能光伏产业，生产制造和安装环节的就业弹性为 0.56 工作年/兆瓦，运营维护环节的就业弹性高达 9 工作年/兆瓦。究其原因，可能与光伏发电产业链长、容纳的岗位数量较多有关。就业弹性较大的是生物质发电行业，生产制造和安装环节的就业弹性为 0.58 工作年/兆瓦，运营维护环节的就业弹性高达 2.1 工作年/兆瓦。究其原因，与其行业特性所导致的发电利用小时数较高，即容量因子较大相关。风能发电产业在生产制造和安装环节的就业效应高于其他两类可再生能源，为 0.78 工作年/兆瓦，而在运营和维护环节就业弹性较低，为 0.68 工作年/兆瓦。这与单个风电设备装机容量较大，维护简单的特性有关。

　　综合来看，这两种就业效应的测算方法各有特点，前者不仅能够测算直接就业效应，还可以将由可再生能源行业产值增加所引致的其他行业就业效应包含在内。但由于我国统计体系的局限，不能识别细分的能源类别的就业弹性，所以这种投入产出法测算无法区分不同能源类别就业弹性的差异，只适合测算总体就业规模。后者更加详细地描述了风能、太阳能光伏与生物质能在岗位创造方面的异质性特征。并且基于全生命周期的产业链条的梳理，可以让我们更加细致地描绘就业创造的来源，找到提升就业效应的方法。经归纳可知，在投资水平一定的情况下，基于产出的可再生能源就业弹性与两个因素密不可分：首先是行业本身的特点，生命周期产业链的长度越长，就业弹性越大；其次是能源利用水平和效率越高，就业弹性越大。但需要指出的是，本章的测算结果都是静态就业乘数，其假定产能与就业之间是纯线性关系，忽略了价格因素等其他因素的影响，也忽略了能源产业变动与就业变动的长期趋势。为弥补这一不足，下一章将基于时间序列数据，探讨可再生能源发展与就业之间的动态关系。

5 基于 VAR 模型的可再生能源产业
发展对就业的动态效应研究

5.1 问题的提出

可再生能源产业与就业的发展为政策制定者提供了一个经济与环境长期可持续发展的新空间，兼顾了经济与社会效益双重目标的实现。而与之相对应的是，由于宏观基础数据薄弱，对核算方法的探索还不成熟，我国对可再生能源的就业效应的研究才刚刚起步，未能准确把握可再生能源的经济价值与就业效应。在上一章中，本研究测算了不同可再生能源技术的静态就业弹性，其假定产能与就业之间是纯线性关系，即忽略了其他因素（如价格等）对能源利用水平的影响，也忽略了能源产业变动与就业变动的长期趋势。为弥补这一不足，本章基于时间序列数据，分别从能源行业产出与生产能力两个角度来探讨可再生能源发展对就业的动态影响。

5.2 模型与方法

传统的经济计量方法建立在经济理论对变量关系的假设之上。但是由于经济社会中各种变量之间普遍关联甚至互为因果，传统的经济理论无法对变量之间的相互联系进行动态的描述，在此基础上建立的经济模型也无法对变量之间的动态联系进行严密的说明。因此，本章采用了一种非结构性的方法来识别变量之间的关系，即向量自回归方法（VAR）。VAR 模型主要应用于宏观经济学。在 VAR 模型产生之初，很多研究者就认为，VAR 模型在预测方面要强于结构方程模型。在 20 世纪 60 年代，一大堆的结构方程并不能让人得到理想的结果，而 VAR 模型的预测却比结构方程更胜一筹。结构方程受到最具挑战性的批判来自卢卡斯，卢卡斯指出，结构方程组中的"决策规则"参数，在经济政策改变时无法保持稳定，即使这些规则本身是正确的。因此，宏观经济建模的方程组在范式上显然具有根本缺陷。VAR 模型用微观化基础重新表述宏观经济模型的基本方程，而且其对经济变量之间的相互关系要求也并不是很高。它是由西姆于 1980 年提出来的，自回归模型采用的是多方程联立的形式，它并不以经济理论为基础，在模型的每一个方程中，内生变量对模型的全部内生变量的若干滞后项进行回归，从而估计全部内生变量的动态关系。

其表示如下：

$$X_t = c + \sum_{i=1}^{k} A_i X_{t-1} + \varepsilon_t$$

其中，X_t 为时间序列构成的向量，c 为常数项，k 为自回归滞后阶数，A_i 为时间序列系数矩阵，ε_t 为白噪声序列向量，且满足以下三个条件：

误差项的均值为 0，即 $E(\varepsilon_t) = 0$；

误差项的协方差矩阵为 Ω，即 $E(\varepsilon_t \varepsilon_t') = \Omega$；

误差项不存在自相关，即 $E(\varepsilon_t \varepsilon_{t-s}') = 0$，其中 t 不等于 s。

在实际应用过程中，由于滞后期 k 足够大，因此它能够完整反映所构造模型的全部动态关系信息。但这有一个严重的缺陷，如果选择的变量较多，滞后期越长，那么所要估计的参数就会变得越多，自由度就会减少。因此，需要在变量个数、滞后期和自由度之间找到一种均衡状态。一般而言向量自回归模型包含的变量数不超过 6 个（Sim，1986；Leeper，1996）。

本书建立了由四个描述可再生能源利用水平的变量，即可再生能源总量（Mtce）、风能总装机量（Twh）、太阳能（Mtce）和生物质能（Mtce），两个描述就业的变量，即城镇单位就业人数、国有单位就业人数的双变量 VAR 模型。在进行协整分析和脉冲响应分析后对可再生能源的就业效应进行实证分析。

协整理论是 2003 年诺贝尔经济学奖得主恩格尔和格兰杰在 1987 年首先提出的。随后经过菲利普斯和奥里亚利斯（Phillips & Ouiaris，1990），斯托克和沃森（Stock & Watson，1988），菲利普斯（1991）和约翰森（Johansen，1988，1991，1994）等经济学家的不断完善，成为计量经济学的一个重要分支。所谓协整是指两个或多个非平稳的变量序列某个线性组合后的序列呈平稳性。经济意义在于两个变量虽然具有各自的长期波动规律，但是协整的，那么它们之间存在着一个长期稳定的比例关系；反之，如果两个变量具有各自的长期波动规律，但如果不是协整的，它们之间就不存在一个长期稳定的关系。

由于 VAR 模型的 OLS 估计量只具有一致性，单个参数估计值的经济学解释很困难，所以研究中一般也引入脉冲响应函数分析来刻画可再生能源利用量与就业水平的长期动态关系。本书利用脉冲响应函数（IRF）来描绘一个内生变量对误差的反应，即在扰动项上加一个标准差大小的新息（innovation）冲击对内生变量的当前值和未来值的影响，其定义为：

$$I(n, \partial_k, t-1) = E(x_{t+n} \mid \varepsilon_{kt} = \partial_k, t-1) - E(x_{t+n} \mid t-1)$$

其中，∂_k 代表来自第 k 个变量的冲击，n 是冲击响应时期数，$t-1$ 代表冲击发生时所有可获得的信息，所以脉冲响应值就等于该冲击的发生给 x_{t+n} 带来的数值的变化。

脉冲响应函数能够捕捉到一个变量的冲击因素对另一个变量的动态影响路径，而方差分解可以将 VAR 系统中的一个变量的预测均方误差（MSE）分解到各个扰动项上。因此，方差分解提供了关于每个扰动因素影响 VAR 模型内各个变量的相对程度，从而给出随机信息的相对重要程度。本书也将利用该方法考察可再生能源开发利用量与城镇单位就业之间的关系。

5.3　基于可再生能源产出的 VAR 模型实证分析

5.3.1　变量与数据

本书实证研究所涉及的变量定义如表 5-1 所示。其中，城镇单位就业和城镇国有单位就业人数来自国家统计年鉴（2000—2017 年）。可再生能源变量选取了总量指标和结构指标两个维度。而可再生能源的衡量单位分为装机容量和开发利用量两个维度。前者代表了各种类别的可再生能源的利用潜力或称为发电能力，即全年满负荷运行时的发电能力；而后者代表了开发利用量水平即可再生能源发电按当年火电煤耗折算标准煤[①]，是一种能力等价值指标。能量的等价值（energy equivalent value），是指为了得到一个单位的二次能源（或载热工质）实际要消耗的一次能源的热量，即加工转换产出的某种能源与相应投入的能源的当量。

$$能源等价热值＝二次能源具有的能源/转换效率（％）$$

能量的当量值（energy calorific value），又称理论热值（或实际发热值），是指某种能源本身所含热量，按热量的多少可以折算成标准煤。当量热值的计算原则上要进行实测，按国家标准是根据试样在充氧的弹筒中完全燃烧所放出的热量测算的，本研究选取等价法转换的能源标准煤量作为可再生能源总量和结构的测度方法。这样做可以将能源转换效率纳入考虑，其反映了可再生能源转化为二次能源时技术水平、设备情况、工艺水平、人员操作水平和管理水平，以便更好地把握能源与就业的关系。数据分别来源于《国际可再生能源署可再生能源统计年鉴（2018）》《中国能源统计年鉴（2017）》《可再生能源数据手册（2015)》等，标准煤折算标准来源于中国电力企业联合会网站。

表 5-1　变量定义

变量	单位	定义
城镇单位就业 （employ）	万人	指当年在各级国家党政机关、社会团体及企业、事业单位中工作，取得工资或其他形式的劳动报酬的全部人员
城镇国有单位就业 （stateownedemploy）	万人	指当年在国有单位中工作并取得报酬的全部人员数
可再生能源总量 （renewableenergy）	标准煤	指当年风能（Mtce）、太阳能（Mtce）、生物质能（Mtce）三者加总后的总量
风能 （Mtce）	标准煤	指当年风能的开发利用量
太阳能 （Photovoltaic）	标准煤	指当年太阳能的利用量
生物质能 （biomass）	标准煤	指当年生物质能的利用量

---

① 2000 年、2005 年、2010 年、2011 年、2012 年、2013 年、2014 年发电煤耗（gce/kWh）分别为 363、343、312、308、305、302、300。

对于变量的描述性统计如表 5-2 所示，由于数据可得性的差异，每种变量的样本量有轻微差异。其中，城镇单位就业量与可再生能源总量选取的年份为 2000—2018 年；城镇国有单位就业人数与太阳能数据选取的年份为 2000—2017 年；风能利用量数据选取的年份为 2000—2016 年，其中 2001 年数据空缺；生物质能利用量数据选取的年份为 2000—2015 年。

表 5-2 描述性统计

变量	均值	标准差	最小值	最大值	样本量
就业	10.395	0.202	10.050	10.679	19
国有单位就业	8.801	0.075	8.710	9.000	18
可再生能源总量的一阶差分	1.265	1.187	-1.699	2.319	19
风能	2.958	2.029	-1.609	4.492	17
太阳能	-1.318	2.863	-4.605	3.339	18
生物质能	2.002	0.614	0.615	2.573	16

5.3.2 单位根检验

为了避免变量出现伪回归，在进行协整分析及脉冲响应函数分析之前，本书选用增广迪基-福勒检验（Augmented Dickey Fuller）法对可再生能源与就业各变量时间序列进行平稳性检验。常用的单位根检验方法 DF 检验由于不能保证方程中的残差项是白噪声（white noise），所以 Dickey 和 Fuller 对 DF 检验法进行了扩充，形成 ADF 检验，这是目前普遍应用的单位根检验方法。

由表 5-3 单位根检验结果可知，样本区间在 10% 的显著性水平下，接受所有变量序列水平值有单位根的假设，拒绝所有变量一阶差分存在单位根的假设，检验结果表明，2000—2018 年就业、国有单位就业、可再生能源总量、风能、太阳能和生物质能序列一阶差分都是平稳的，表明就业与可再生能源总量、风能、太阳能、生物质能之间可能存在协整关系，可以进一步检验其协整性。

5.3.3 VAR 模型的建立

本书为了描绘可再生能源与就业的动态关系，首先建立了城镇单位就业与可再生能源总量、风能、太阳能和生物质能四个双变量 VAR 模型。利用 Eviews 9.0 对动态方程的参数进行估计（见表 5-4）。模型中各变量均经过取对数处理，从方程的拟合度和系数的显著性以及滞后阶数判断的 AIC 准则综合考虑，取各变量的最大滞后阶数为 2。

表 5-3　单位根检验

变量	ADF检验值	1%显著性水平	5%显著性水平	10%显著性水平	滞后期	结论
就业	-2.014	-3.750	-3.000	-2.630	3	非平稳
就业的一阶差分	-2.383	-2.660	-1.950	-1.600	2	平稳
国有单位就业	-2.463	-3.750	-3.000	-2.630	1	非平稳
国有单位就业的一阶差分	-2.524	-2.660	-1.950	-1.600	1	平稳
可再生能源总量	-2.070	-3.750	-3.000	-2.630	1	非平稳
可再生能源总量的一阶差分	-8.210	-3.750	-3.000	-2.630	1	平稳
风能	-0.811	-3.750	-3.000	-2.630	1	非平稳
风能的一阶差分	-3.720	-3.750	-3.000	-2.630	0	平稳
太阳能	-0.898	-3.750	-3.000	-2.630	2	非平稳
太阳能的一阶差分	-5.246	-3.750	-3.000	-2.630	6	平稳
生物质能	-2.194	-3.750	-3.000	-2.630	2	非平稳
生物质能的一阶差分	-2.523	-2.660	-1.950	-1.600	0	平稳

表 5-4　城镇单位就业与可再生能源总量、风能、太阳能和
生物质能向量自回归估计结果

变量序列	就业	可再生能源	风能	太阳能	生物质能
就业（-1）	0.943 499	97.171 92	116.258 5	245.776 8	-9.446 197
	(1.065 11)	(55.072 8)	(140.684)	(238.166)	(2.309 07)
就业（-2）	0.138 548	-96.857 78	-90.271 27	-252.112 4	14.415 84
	(1.073 17)	(55.489 6)	(141.749)	(239.969)	(2.326 55)
可再生能源总量（-1）	-0.006 424	-1.227 351	-0.849 801	-2.523 690	0.274 715
	(0.013 50)	(0.698 05)	(1.783 18)	(3.018 78)	(0.029 27)
可再生能源总量（-2）	-0.002 439	-1.011 344	-0.778 445	-2.039 482	0.158 962
	(0.007 33)	(0.378 76)	(0.967 54)	(1.637 97)	(0.015 88)

续表

变量序列	就业	可再生能源	风能	太阳能	生物质能
风能（−1）	−0.000 370	−0.308 683	−0.985 180	−0.730 117	0.043 000
	(0.008 26)	(0.427 07)	(1.090 96)	(1.846 90)	(0.017 91)
风能（−2）	0.000 552	0.136 068	0.284 479	1.948 353	−0.109 872
	(0.007 37)	(0.381 16)	(0.973 67)	(1.648 34)	(0.015 98)
太阳能（−1）	0.003 127	0.875 520	0.900 405	1.875 092	−0.118 298
	(0.005 36)	(0.277 26)	(0.708 26)	(1.199 03)	(0.011 62)
太阳能（−2）	−0.004 040	−0.418 226	−0.584 092	−0.707 367	0.020 874
	(0.003 30)	(0.170 40)	(0.435 28)	(0.736 90)	(0.007 14)
生物质能（−1）	−0.044 705	1.434 005	0.728 178	−1.384 895	0.131 228
	(0.065 45)	(3.384 15)	(8.644 84)	(14.635 0)	(0.141 89)
生物质能（−2）	0.0142 75	2.450 568	5.311 938	3.999 188	−0.327 804
	(0.039 56)	(2.045 30)	(5.224 73)	(8.845 03)	(0.085 75)
C	−0.313 864	−0.145 498	−115.577 2	26.853 93	−21.760 24
	(0.708 42)	(36.629 9)	(93.571 2)	(158.408)	(1.535 81)
R^2	0.999 957	0.998 080	0.998 887	0.999 152	0.999 948

如表 5-5 所示，本书接下来又建立了城镇国有单位就业与可再生能源总量、风能、太阳能和生物质能四个双变量 VAR 模型。基于 AIC 准则综合考虑，取各变量的最大滞后阶数也为 2。

表 5-5　城镇国有单位就业与可再生能源总量、风能、太阳能
和生物质能向量自回归估计结果

变量序列	就业	可再生能源总量	风能	太阳能	生物质能
国有单位就业（−1）	−0.172 273	0.000 343	0.701 484	5.494 586	−0.192 985
	(0.058 16)	(6.403 28)	(9.778 48)	(19.000 2)	(0.405 84)
国有单位就业（−2）	−0.128 447	0.023 225	−6.480 809	−1.913 000	−1.053 583
	(0.044 75)	(4.927 28)	(7.524 47)	(14.620 5)	(0.312 29)
可再生能源总量（−1）	0.034 898	−0.494 446	−0.524 919	−1.428 988	0.148 619
	(0.013 65)	(1.502 34)	(2.294 23)	(4.457 84)	(0.095 22)

续表

变量序列	就业	可再生能源总量	风能	太阳能	生物质能
可再生能源总量（−2）	0.028 197	−0.443 070	−0.481 274	−0.762 734	0.044 487
	(0.004 25)	(0.468 15)	(0.714 92)	(1.389 12)	(0.029 67)
风能（−1）	0.023 226	0.207 888	−0.359 334	0.854 382	−0.021 932
	(0.006 21)	(0.683 88)	(1.044 36)	(2.029 25)	(0.043 34)
风能（−2）	0.010 973	−0.192 672	0.087 818	1.410 437	−0.059 716
	(0.006 98)	(0.768 77)	(1.174 00)	(2.281 15)	(0.048 72)
太阳能 c（−1）	0.010 223	0.491 884	0.730 558	0.876 129	−0.027 560
	(0.003 08)	(0.339 23)	(0.518 04)	(1.006 57)	(0.021 50)
太阳能（−2）	−0.032 224	−0.294 339	−0.361 690	−0.507 360	0.028 687
	(0.002 58)	(0.284 33)	(0.434 20)	(0.843 68)	(0.018 02)
生物质能（−1）	0.138 718	1.065 482	2.024 875	−6.848 551	0.740 970
	(0.066 17)	(7.285 53)	(11.125 8)	(21.618 0)	(0.461 75)
生物质能（−2）	−0.351 452	0.535 526	5.815 329	−1.057 990	0.371 225
	(0.026 84)	(2.955 14)	(4.512 81)	(8.768 65)	(0.187 29)
C	4.881 981	1.658 511	21.561 37	−10.254 25	4.654 289
	(0.175 44)	(19.314 7)	(29.495 5)	(57.311 6)	(1.224 15)
R^2	0.999 518	0.992 104	0.998 365	0.998 357	0.999 508

5.3.4　VAR 滞后模型检验

对 VAR 而言，若 VAR 模型所有根模的倒数小于 1，即位于单位圆内，则 VAR 模型是稳定的（Lutppohl，1991）。如果模型不稳定，脉冲响应函数的标准差就是无效的，因此本书在建立脉冲响应模型前要对 VAR 模型的滞后结构进行检验。由表 5-6、表 5-7 以及图 5-1 和图 5-2 结果可知，风能的时间序列数据没有通过单位根检验，其与就业之间不存在协整关系，无法进一步进行脉冲响应分析，因此本书接下来的研究关注太阳能、生物质能与城镇单位就业和城镇国有单位就业之间的关系。

表 5-6　城镇单位就业与可再生能源 VAR 模型滞后结构检验

Root	系数
1. 453 121	1. 453 121
0. 925 532	0. 925 532
−0. 52 3252−0. 543 400i	0. 754 371
−0. 523 252+0. 543 400i	0. 754 371
0. 263 680	0. 263 680

表 5-7　城镇国有单位就业与可再生能源 VAR 模型滞后结构检验

Root	系数
1. 085 335−0. 183 440i	1. 100 728
1. 085 335+0. 183 440i	1. 100 728
−0. 988 287	0. 988 287
0. 254 937	0. 254 937
−0. 208 398	0. 208 398

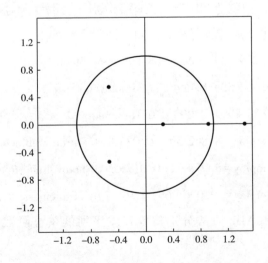

图 5-1　城镇单位就业与可再生能源 VAR 特征多项式根模倒数

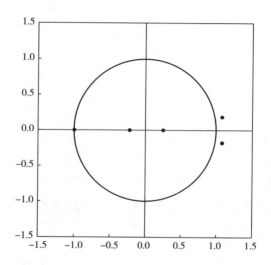

图 5-2 城镇国有单位就业与可再生能源 VAR 特征多项式根模倒数

5.3.5 协整检验

本书采用 EG 两步法（Engle & Granger，1987）来检验就业与可再生能源、就业与太阳能以及就业与生物质能的协整关系。具体步骤为：

首先，用 OLS 把就业和国有单位就业分别作为因变量对可再生能源总量、风能、太阳能、生物质能进行静态回归，回归方程如下：

$Inemploy = 10.229\,78 + 0.130\,968\,1 Inrenewableenergy + \mu_{1t}$

$Inemploy = 10.464\,52 + 0.064\,377\,3 Photovoltaic + \mu_{3t}$

$Inemploy = 9.821\,299 + 0.293\,076\,3 Inbiomass + \mu_{4t}$

$Instateownedemploy = 8.842\,599 - 0.033\,804\,3 Inrenewableenergy + \theta_{1t}$

$Instateownedemploy = 8.778\,31 - 0.0173\,203 Photovoltaic + \theta_{3t}$

$Instateownedemploy = 9.006\,966 - 0.106\,276\,1 Inbiomass + \theta_{4t}$

接下来，利用 ADF 方法分别检验残差序列的单整阶数是否平稳，如表 5-8所示。

表 5-8　协整方程序列 ADF 检验结果

变量	ADF 值	1%显著性水平	5%显著性水平	10%显著性水平	结论
$\hat{\mu}_{1t}$	-3.506	-3.750	-3.000	-2.630	平稳
$\hat{\mu}_{3t}$	-1.980	-2.660	-1.950	-1.600	平稳
$\hat{\mu}_{4t}$	-2.795	-2.660	-1.950	-1.600	平稳
$\hat{\theta}_{1t}$	-4.939	-3.750	-3.000	-2.630	平稳
$\hat{\theta}_{3t}$	-3.127	-2.660	-1.950	-1.600	平稳
$\hat{\theta}_{4t}$	-1.763	-2.660	-1.950	-1.600	平稳

由检验结果可知，回归方程的残差序列的 ADF 检验值都小于显著性水平为 1%时的临界值，即残差序列是平稳序列，说明就业与可再生能源，就业与太阳能以及就业与生物质能之间存在协整关系。因此，可再生能源与就业之间具有长期的均衡关系，本研究可以利用脉冲响应函数来分析两者之间的动态关系。

5.3.6　广义脉冲响应分析

由于 VAR 模型各个估计方程扰动项的协方差矩阵不是对角矩阵，因此必须首先进行正交处理得到对角化矩阵，正交化处理常用的是乔利斯基（Cholesky）分解。乔利斯基分解为 VAR 模型的变量增加一个次序，并将所有影响变量的公共因素归结到 VAR 模型中第一次出现的变量上，并且如果改变变量的次序，将会明显改变变量的响应结果。由于乔利斯基分解依赖次序的缺陷，1998 年佩萨兰（Pesaran）和辛（Shin）提出了广义脉冲响应分析，这种分析方法不依赖 VAR 模型中变量次序的正交的残差矩阵，可提高估计结果的稳定性与可靠性。本书为分析可再生能源与就业的动态关系，运用广义脉冲响应函数分析二者之间的冲击响应，这里将冲击响应期设定为 15 期。

1）城镇单位就业与可再生能源总量的动态关系

可再生能源总量与城镇单位就业量的脉冲响应分析结果如表 5-9 和图5-3所示。就可再生能源总量对就业一个标准冲击的响应来看，可再生能源当期响应值为正值 0.235 456，在第 2 期响应值最高为 0.408 044，第 9 期有大幅度的下降，其响应值最低为-0.001 647，后期呈现上升和下降的波动，最终趋于平稳。在整个分析期内，可再生能源对城镇单位就业的累积响应值为1.24，即当期城镇单位就业量对可再生能源的总体影响为正，表明随着城镇单位就业量的增长可再生能源的使用在增加。

从城镇单位就业对可再生能源总量一个标准差冲击的响应来看，就业的当期反应为0，而后可再生能源对就业的正效应逐步增加，在第8期达到最大值。值得指出的是，整个分析期内可再生能源的就业效应都为稳定的正值，累积响应值为0.004，表明可再生能源利用量每增加10%，城镇单位就业量增加5.59%。总之，可再生能源的利用对城镇单位就业有较稳定的促进作用。

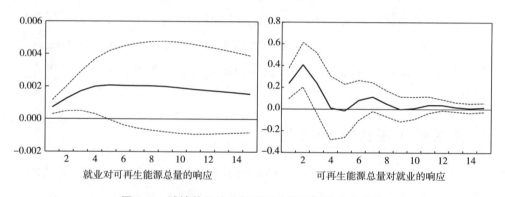

图5-3　城镇单位就业与可再生能源脉冲响应曲线

2）城镇国有单位就业与可再生能源总量的动态关系

如图5-4和表5-10所示，城镇国有单位就业对可再生能源总量的冲击的反应值一直为负值，可再生能源总量对城镇国有单位就业的冲击也为负值。面对一个标准差的可再生能源的冲击，国有单位就业的反应值累计为-0.01，意味着可再生能源发电量每增加10%，城镇国有单位就业量减少4.4%。结合上一章采用案例法和应用分析法进行的研究，这种负效应可能与可再生能源产业中的相关企业采用不同的雇佣形式有关。随着劳动力市场灵活程度的加强，我国国有单位就业比重一直呈现下降趋势，当可再生能源开发量不断增加时，企业在生产、制造、安装和运营维护环节倾向于采取业务外包、非全日制用工等形式来控制成本。所以，在可再生能源就业总效应为正的情况下，城镇国有企业的就业效应可能为负值。

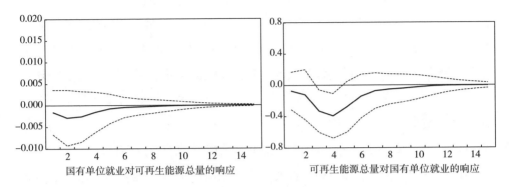

图 5-4　城镇国有单位就业与可再生能源脉冲响应曲线

3）城镇单位就业与太阳能的动态关系

由表 5-9 和图 5-5 可知，就太阳能对就业一个单位冲击的响应来看，太阳能的当期反应为负值（-0.10），第 2 期的响应值最小为-0.17，之后呈现上升趋势，在第 15 期达到最高值（0.05），整个分析期中的累积响应值为-0.37，表明城镇单位就业的增加会减少太阳能（光伏）产量。城镇单位就业对光伏的冲击响应中，光伏能量的反应值均为负值，从城镇单位就业对光伏的一个单位冲击的响应来看，就业的当期反应为负值（-0.000 3），之后呈现下降趋势，最后趋于稳定，城镇单位就业对光伏能累积响应值为-0.03，即太阳能光伏的产量每增加 10%，城镇单位就业减少 16.7%，表明太阳能（光伏）产量对城镇单位就业增长产生负向效应。

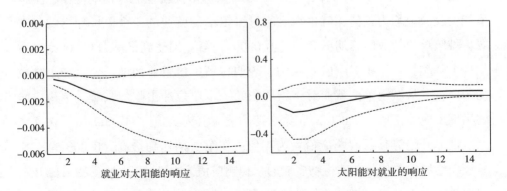

图 5-5　城镇单位就业与太阳能脉冲响应曲线

4）城镇国有单位就业与太阳能的动态关系

如表 5-10 和图 5-6 所示，太阳能（光伏）对城镇国有企业一个单位的冲击响应中，反应值均为正值，当期反应值为 0.158，第 4 期达到最大，累计反应值高达 5.165，表明城镇国有企业的就业增长会带来太阳能（光伏）利用量的增加，这可能与经济增长所带来的投资额增加有关。另一方面，城镇国有企业对一个单位太阳能（光伏）利用量的冲击反应经历先短暂上升，继而下降为负值的过程，当期反应值为 0.003 6，第 2 期达到最大值，之后下降为负值，累计反应值为 -0.028 8，表明太阳能（光伏）利用量每增加 10%，城镇国有单位就业下降 5.1%，长期来看太阳能（光伏）对国有单位就业有轻微的负向效应。

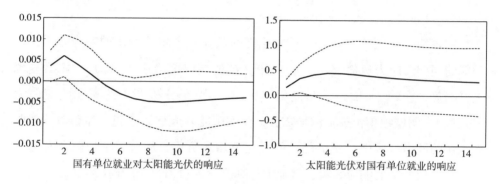

图 5-6　城镇国有单位就业与太阳能脉冲响应曲线

5）城镇单位就业与生物质能的动态关系

由表 5-9 和图 5-7 可知，生物质能对城镇单位就业的冲击响应中，生物质能的反应值均为正值，就生物质能对城镇单位就业的一个单位冲击响应来看，城镇单位就业的当期反应为正值 0.004，第 2 期达到最高为 0.008，之后呈现下降趋势，累积响应值为 0.03，表明城镇单位就业的增长会增加生物质能的产量。从城镇单位就业对生物质能的一个单位冲击响应来看，生物质能的当期反应为正值（0.000 2），第 2 期的响应值为负值（-0.000 1），在这之后呈现上升趋势且所有响应值均为正值，在第 7 期达到最高（0.000 3），在分析期的城镇单位就业对生物质能的累积响应值为 0.004，表明生物质能开发利用量每增加 10%，城镇单位就业量增加 6.8%，生物质能对城镇单位就业产生正向效应。

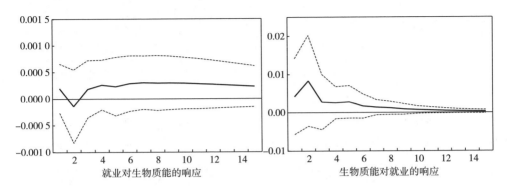

图 5-7　城镇单位就业与生物质能脉冲响应曲线

6）城镇国有单位就业与生物质能的动态关系

如图 5-8 和表 5-10 所示，从城镇国有单位就业对生物质能一个标准差冲击的响应值来看，最开始当期响应值为正，约为 0.03，随后逐渐下降为轻微负值，从第 9 期开始又恢复为正值，但数值较小，累计响应值为 0.008，表明生物质能每增加 10%，城镇国有企业增加 1.4%。可见，总的来说生物质能的开发利用对国有单位就业产生正效应。而生物质能对城镇国有单位就业一个标准差冲击的响应值一直不断下降，当期值为 0.001 6，第 2 期达到最高值为 0.003 8，从第 3 期开始为负值，累计响应值为 -0.097。可见，总的来说国有单位就业对生物质能的开发利用产生负效应。

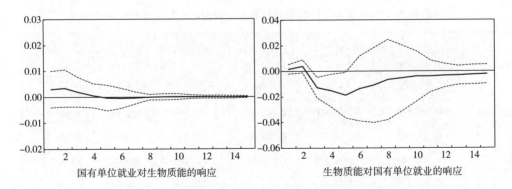

图 5-8　城镇国有单位就业与生物质能脉冲响应曲线

表 5-9　城镇单位就业与可再生能源的广义脉冲响应分析结果

时期	就业对可再生能源总量的响应	可再生能源总量对就业的响应	就业对太阳能的响应	太阳能对就业的响应	就业对生物质能的响应	生物质能对就业的响应
1	0.000 000	0.235 456	−0.000 272	−0.103 781	0.000 197	0.004 230
2	0.000 127	0.408 044	−0.000 477	−0.169 604	−0.000 141	0.008 322
3	0.000 282	0.238 891	−0.000 927	−0.154 787	0.000 183	0.002 771
4	0.000 329	0.010 209	−0.001 367	−0.117 054	0.000 261	0.002 603
5	0.000 292	−0.016 213	−0.001 724	−0.076 919	0.000 232	0.002 828
6	0.000 270	0.080 833	−0.001 987	−0.041 866	0.000 288	0.001 700
7	0.000 291	0.111 376	−0.002 162	−0.013 773	0.000 304	0.001 382
8	0.000 311	0.049 771	−0.002 267	0.007 657	0.000 298	0.001 221
9	0.000 300	−0.001 647	−0.002 316	0.023 439	0.000 300	0.000 903
10	0.000 274	0.008 803	−0.002 324	0.034 696	0.000 294	0.000 729
11	0.000 260	0.037 958	−0.002 301	0.042 442	0.000 282	0.000 611
12	0.000 257	0.038 358	−0.002 256	0.047 515	0.000 271	0.000 490
13	0.000 251	0.017 945	−0.002 196	0.050 582	0.000 259	0.000 405
14	0.000 237	0.007 767	−0.002 125	0.052 159	0.000 245	0.000 341
15	0.000 222	0.014 296	−0.002 048	0.052 643	0.000 231	0.000 286
累计	0.003 703	1.241 847	−0.026 749	−0.366 651	0.003 504	0.028 822

表 5-10　城镇国有单位就业与可再生能源的广义脉冲响应分析结果

时期	国有单位就业对可再生能源总量的响应	可再生能源总量对国有单位就业的响应	国有单位就业对太阳能的响应	太阳能对国有单位就业的响应	国有单位就业对生物质能的响应	生物质能对国有单位就业的响应
1	−0.001 572	−0.073 000	0.003 596	0.157 536	0.002 995	0.001 580
2	−0.002 867	−0.120 992	0.006 016	0.342 901	0.003 442	0.003 841
3	−0.002 588	−0.332 526	0.003 877	0.413 184	0.001 871	−0.012 771
4	−0.001 539	−0.393 423	0.001 434	0.446 256	0.000 577	−0.015 203
5	−0.000 763	−0.278 082	−0.001 114	0.440 884	−0.000 340	−0.018 760

时期	国有单位就业对可再生能源总量的响应	可再生能源总量对国有单位就业的响应	国有单位就业对太阳能的响应	太阳能对国有单位就业的响应	国有单位就业对生物质能的响应	生物质能对国有单位就业的响应
6	−0.000 464	−0.142 681	−0.002 969	0.421 315	−0.000 451	−0.013 616
7	−0.000 363	−0.073 615	−0.004 164	0.395 438	−0.000 320	−0.010 899
8	−0.000 363	−0.052 907	−0.004 754	0.370 613	−3.68E−05	−0.006 615
9	−0.000 147	−0.041 354	−0.004 928	0.349 194	0.000 102	−0.005 355
10	−7.24E−05	−0.026 384	−0.004 844	0.331 951	0.000 162	−0.003 982
11	−7.24E−05	−0.013 458	−0.004 636	0.318 310	0.000 119	−0.003 932
12	−2.85E−05	−0.006 705	−0.004 389	0.307 359	7.26E−05	−0.003 407
13	−1.95E−05	−0.004 302	−0.004 152	0.298 158	2.51E−05	−0.003 195
14	−1.11E−05	−0.003 131	−0.003 947	0.289 967	9.40E−06	−0.002 622
15	−5.42E−06	−0.001 969	−0.003 776	0.282 283	4.16E−06	−0.002 233
累计	−0.010 875 3	−1.564 529	−0.028 75	5.165 349	0.008 231 46	−0.097 169

5.3.7 可再生能源利用与就业的预测方差分解

脉冲响应函数能够捕捉到一个变量的冲击因素对另一个变量的动态影响路径，而方差分解可以将 VAR 系统中的一个变量的方差分解到各个扰动项上。因此，方差分解进一步评价了各内生变量对预测方差的贡献度，提供了关于每个扰动因素影响 VAR 模型内各个变量的相对重要程度。

1）城镇单位就业与可再生能源的预测方差分解

由表 5-11 结果可知，就总体而言，城镇单位就业对各类可再生能源开发利用水平的预测方差分解的贡献度较高，城镇单位就业量对所有可再生能源，尤其是风能的预测方差高达 73% 以上，其对太阳能的预测方差最小为 13.5%。城镇单位就业量的增加通常伴随着经济增长与就业机会增多，因此可再生能源的投资量加大，从而增加了可再生能源的开发利用量，尤其是风能，从 2013 年开始新增装机量快速增长，除 2016 年和 2017 年外，其他年份都保持着两位数的装机量增长率。与此相对应的是，各类可再生能源对城镇单位就业量的预测方差的解释贡献度较小。其中，可再生能源总量对城镇单位就业的预测方差解释仅为1%，可见经济社会体系中还有许多其他影响城镇就业的因素。特别值得指出的是，太阳能开发利用量对城镇单位就业的预测方差高达32%，是有效预测就业效应的指标。

表5-11　城镇单位就业与可再生能源的方差分解

可再生能源指标	城镇单位就业对可再生能源的方差分解平均贡献度（%）	可再生能源对城镇单位就业的方差分解平均贡献度（%）
可再生能源总量	73.581	1.049
太阳能	13.496	32.178
生物质能	19.729	6.034

接下来，我们还可以看到每一次结构冲击对单位就业的共享度，如表5-12所示。可再生能源利用量对城镇单位就业的贡献不断增大，第2期时贡献率为4.5%，第3期后贡献率快速提升，在第11期到达了峰值，约贡献了城镇单位就业的71.1%。这说明可再生能源对就业的拉动效应需要一个长期的作用时间，早期可能还存在着可再生能源与化石能源的相互替代，使得岗位的净增份额并不显著，但后期随着可再生能源产业的快速发展，就业效应逐渐显现出来。

表5-12　城镇单位就业的方差分解

时期	标准差	就业	可再生能源总量
1	0.002 011	100	0
2	0.002 788	95.468 33	4.531 672
3	0.003 688	82.170 03	17.829 97
4	0.004 804	65.550 29	34.449 71
5	0.006 084	51.756 51	48.243 49
6	0.007 396	42.231 83	57.768 17
7	0.008 611	36.150 21	63.849 79
8	0.009 641	32.448 34	67.551 66
9	0.010 446	30.334 67	69.665 33

续表

时期	标准差	就业	可再生能源总量
10	0.011 034	29.273 03	70.726 97
11	0.011 442	28.893 26	71.106 74
12	0.011 717	28.930 45	71.069 55
13	0.011 906	29.196 23	70.803 77
14	0.012 047	29.564 68	70.435 32
15	0.012 165	29.957 5	70.042 5
累计		47.461 690 67	52.538 309 47

2) 城镇国有单位就业与可再生能源的预测方差分解

如表 5-13 所示，总体而言，城镇国有单位就业对可再生能源的解释力度更大，总预测方差高达 42.513%。其中，国有单位就业最能解释生物质能的开发利用量，而可再生能源对城镇国有单位就业的方差分解平均贡献度较小，仅为 1.703%，表明对于城镇国有单位就业量的变动来说，还有许多其他更重要的因素。风能对城镇国有单位就业的贡献度达 7.3%，光伏为 42.5%，生物质能是所有可再生能源类别里对城镇国有单位就业贡献度最大的能源类别。

表 5-13　城镇国有单位就业与可再生能源的方差分解

可再生能源指标	城镇国有单位就业对可再生能源的方差分解平均贡献度（%）	可再生能源对城镇国有单位就业的方差分解平均贡献度（%）
可再生能源总量	42.513	1.703
风能	6.978	7.319
太阳能	36.664	17.210
生物质能	76.938	42.513

如表 5-14 所示，第 2 期可再生能源对城镇国有单位就业的贡献率高达 30.1%，之后逐渐增高，第 15 期的贡献率到达顶峰，为 85.2%。结合脉冲响应分析的结果来看，两者之间的负向关系伴随着经济增长不断加强，这与我国劳动力市场灵活性趋势密不可分，国有单位就业占所有单位就业的比重不断下降，而其他企业类型的就业比重在不断上升。

表 5-14　城镇国有单位就业的方差分解

时期	标准差	国有单位就业	可再生能源总量
1	0.015 535	100	0
2	0.019 906	69.881 95	30.118 05
3	0.022 91	56.424 09	43.575 91
4	0.024 196	50.784 98	49.215 02
5	0.024 303	50.404 78	49.595 22
6	0.024 654	49.457 61	50.542 39
7	0.026 396	43.704 62	56.295 38
8	0.029 606	35.073 92	64.926 08
9	0.033 529	27.452 36	72.547 64
10	0.037 345	22.138 28	77.861 72
11	0.040 545	18.789 79	81.210 21
12	0.042 947	16.796 28	83.203 72
13	0.044 591	15.673 43	84.326 57
14	0.045 627	15.084 67	84.915 33
15	0.046 239	14.802 57	85.197 43
累计		39.097 955 33	60.902 044 67

5.3.8　基于 VAR 模型的预测

1）城镇单位就业与可再生能源的预测

VAR 模型作为非结构模型，主要功能是预测，而无法用模型进行结构分析。由于本研究所建立的 VAR 模型通过了全部检验，所以我们可以利用该模型对各内生变量未来的变动趋势进行预测，如图 5-9 所示，城镇单位就业十多年内将继续快速增长，同时伴随着可再生能源利用量的不断增加，其中风能是增长最快的可再生能源类别。这一推断与现实中海上风电装机不断扩大的趋势相吻合，根据风电发展"十三五"规划，预计到 2030 年，可再生能源总开发利用量可达到 495 吉瓦。

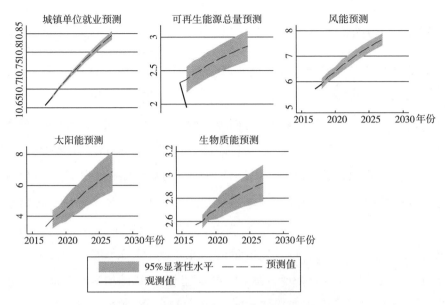

图 5-9 城镇单位就业与可再生能源预测图

2）城镇国有单位就业与可再生能源的预测

如图 5-10 所示，国有单位就业人数不断下降，延续了如今国有企业占总就业规模比重不断缩小的趋势，也与现实情况的走向趋势相吻合。

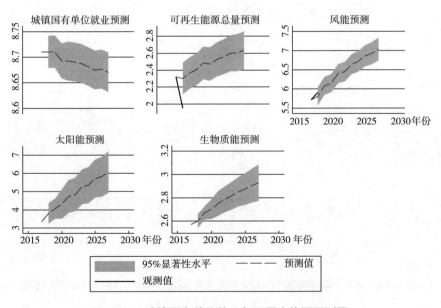

图 5-10 城镇国有单位就业与可再生能源预测图

5.3.9 小结

本部分实证研究发现风能与就业增长并不协调。由图 5-11 至图 5-14 可得出大概结论，从较长时间周期来看，电力消费增长率（粗略等同于发电装机增长率）和 GDP 增长率（粗略等同于就业增长率）的变化趋势基本处于同步状态。但风力发电不同于火力或其他形式的发电，其新增装机受到政策、市场、产业链协同、装备本身、电网消纳能力等众多条件的影响，变化较为敏感。风电装机增速在 2014 年、2015 年达到自 2010 年来的顶峰，之后急转直下。从另一个角度看，以 2017 年为例，风电占电源整体结构的比例约为 9.5%，而实际发电只占当年总发电量的约 4.8%，可简单理解为发电能力有一半处于闲置状态。综合来说，发电量的增速与 GDP 的增速在时间轴上并不一致，而 GDP 的增速与就业增速高度一致。另外，在实际运行中也出现了较为严重的能力闲置状况，这些因素的叠加，致使风力发电与所带动的就业增长之间没有协整关系。因此，若要进一步探寻可再生能源潜力与就业的协调发展路径，可以将能源的装机容量纳入 VAR 模型进行研究。

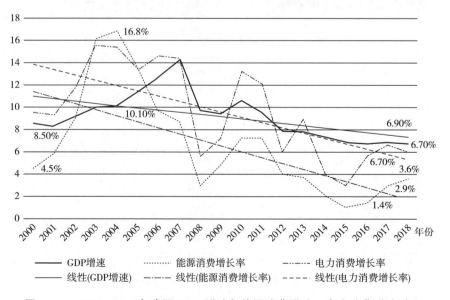

图 5-11　2000—2018 年我国 GDP 增速与能源消费增速、电力消费增速对比

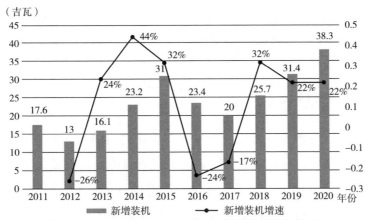

图 5-12 2011—2020 年全国风电新增装机量及增速

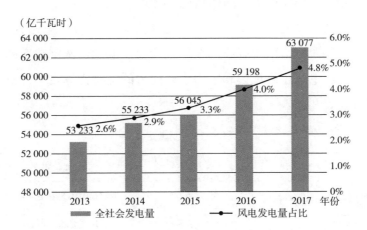

图 5-13 全社会用电量及风电消纳比例

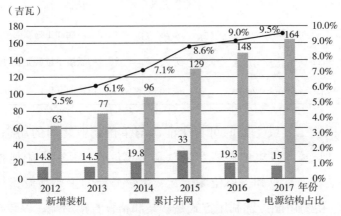

图 5-14 风电并网容量及电源结构占比

5.4 基于可再生能源生产能力的 VAR 模型分析

5.4.1 变量与数据

上一节实证分析了可再生能源发电与就业之间的动态关系，但由于可再生能源利用率较低，弃风现象广泛存在，风能发电量与就业之间并不存在长期稳定的关系。为进一步探寻可再生能源发展潜力对就业的长期动态影响，本研究将在本部分使用可再生能源装机容量作为变量指标（其中风能与光伏为吉瓦，生物质能用农村沼气的体积亿立方米）来衡量能源开发潜力与就业之间是否能够协调发展，如表 5-15 所示。装机容量亦称"电站容量"，指火电厂或可再生能源电站中所装有的全部汽轮或发电机组额定功率的总和，是表征一座电厂或电站建设规模和电力生产能力的主要指标之一，单位一般为千瓦、兆瓦、吉瓦。

表 5-15　变量定义

变量	单位	变量定义
风能（wind）	吉瓦	当期我国风力发电新增装机量
太阳能（photovoltaic）	吉瓦	当期我国光伏发电新增装机量
生物质能（biomass）	亿立方米	当期农村沼气新增总量
可再生能源总量（renewableenergy）	吉瓦	光伏能、风能和生物质能加总后的总量
城镇单位就业（employ）	万人	城镇单位就业取对数
城镇国有单位就业（stateownedemploy）	万人	城镇国有单位就业取对数

本研究围绕三类最主要的可再生能源与单位就业之间的动态关系展开，风能指当期我国风力发电的装机容量总和，单位为吉瓦；太阳能指当期我国光伏发电的装机容量总和，单位为吉瓦；生物质能的主要衡量指标是生物质和垃圾发电，生物质能传统利用方式是薪柴和秸秆直接燃烧。以装机容量来衡量的生物质能数据在 2001—2004 年、2006—2007 年存在数据点的缺失，为了

更好满足 VAR 模型的要求，本书采用了数据样本更全的农村沼气的体积来衡量生物质能发电的生产能力，单位为亿立方米。就业方面的变量与上一部分的实证分析一致，分别选择城镇单位就业来衡量就业的总体规模，城镇国有就业来衡量就业的结构情况。

如表 5-16 所示，所有变量均取对数值，可再生能源总量是将风能、太阳能与生物质能的当期装机容量相加所得，由于生物质能装机容量数据缺失 6 期，所以可再生能源总量仅有 12 期。平均来看，装机容量最大的是太阳能光伏发电。

表 5-16　描述性统计

变量	均值	标准差	最小值	最大值	样本量
ln 城镇单位就业量	10.395	0.202	10.050	10.679	19
ln 城镇国有单位就业	8.801	0.075	8.710	9.000	18
ln 可再生能源总量	4.02	1.05	1.60	5.02	12
ln 风能	2.18	2.36	−1.08	5.24	18
ln 太阳能	4.22	3.18	0.095	9.48	18
ln 生物质能	4.64	0.62	3.25	5.21	16

资料来源：国家统计局网站、中国能源统计年鉴、国家发展改革委网站、国家能源局网站、农业农村部网站、自然资源部网站、中国电力企业联合会、中国太阳能学会、中国农村能源行业协会、中国资源综合利用协会、中国风能协会等。

5.4.2　单位根检验

由表 5-17 单位根检验结果可知，样本区间在 10% 的显著性水平下，接受所有变量序列水平值有单位根的假设，拒绝所有变量一阶差分存在单位根的假设，检验结果表明，2000—2018 年就业、国有单位就业、可再生能源总量、风能、太阳能和生物质能序列一阶差分都是平稳的，表明就业与可再生能源装机总量、风能、太阳能、生物质能装机量之间可能存在协整关系，可以进一步检验其协整性。

表 5-17　单位根检验

变量	ADF 检验值	1%显著性水平	5%显著性水平	10%显著性水平	滞后期	结论
就业	-2.014	-3.750	-3.000	-2.630	3	非平稳
就业的一阶差分	-2.383	-2.660	-1.950	-1.600	2	平稳
国有单位就业	-2.463	-3.750	-3.000	-2.630	1	非平稳
国有单位就业的一阶差分	-2.524	-2.660	-1.950	-1.600	1	平稳
可再生能源总量	-1.37	-3.86	-3.04	-2.66	1	非平稳
可再生能源总量的一阶差分	-4.97	-4.80	-3.79	-3.34	3	平稳
风能	-1.71	-3.92	-3.07	-3.0	3	非平稳
风能的一阶差分	-1.23	-3.92	-3.927	-3.0	1	非平稳
可再生能源的二阶差分	-4.28	-2.73	-1.97	-1.61	1	平稳
太阳能	-1.97	-4.67	-3.73	-3.31	1	非平稳
太阳能的一阶差分	-2.00	-4.67	-3.73	-3.31	1	非平稳
太阳能的二阶差分	-5.00	-4.73	-3.76	-3.32	1	平稳
生物质能	-0.22	-4.80	-3.79	-3.34	3	非平稳
生物质能的一阶差分	-2.69	-2.77	-1.97	-1.60	1	平稳

5.4.3　VAR 模型的建立

此部分的实证研究描绘了可再生能源装机容量与就业的动态关系，首先建立了城镇单位就业与可再生能源装机总量、风能、太阳能和生物质能 4 个双变量 VAR 模型。利用 Eviews 9.0 对动态方程的参数进行估计，见表 5-18 和表 5-19。模型中各变量均经过取对数处理，从方程的拟合度和系数的显著性以及滞后阶数判断的 AIC 准则综合考虑，取各变量的最大滞后阶数为 2。

表 5-18　城镇单位就业与可再生能源之间向量自回归估计结果

变量	就业	可再生能源总量	风能	太阳能	生物质能
就业（-1）	1.972 372	247.674 1	-197.900 7	287.147 9	32.720 86
	(0.239 27)	(81.947 4)	(85.273 8)	(246.638)	(41.224 7)

续表

变量	就业	可再生能源总量	风能	太阳能	生物质能
就业（-2）	-0.593 591	-220.432 8	160.041 2	-206.282 9	-11.749 42
	(0.167 01)	(57.197 6)	(59.519 4)	(172.148)	(28.774 0)
可再生能源总量（-1）	-0.013 738	-2.687 146	1.744 620	-1.752 765	-0.036 467
	(0.002 01)	(0.687 76)	(0.715 68)	(2.069 97)	(0.345 99)
可再生能源总量（-2）	0.010 439	1.041 880	-1.118 417	2.105 172	0.252 682
	(0.001 82)	(0.623 41)	(0.648 72)	(1.876 29)	(0.313 62)
风能（-1）	-0.019 997	-2.834 079	3.960 787	-3.724 846	-0.396 645
	(0.004 30)	(1.473 08)	(1.532 87)	(4.433 54)	(0.741 05)
风能（-2）	0.039 209	6.495 547	-4.872 582	8.178 157	0.472 057
	(0.006 33)	(2.168 92)	(2.256 96)	(6.527 81)	(1.091 10)
太阳能（-1）	-0.007 840	-0.577 486	0.647 245	-1.578 809	-0.246 541
	(0.001 49)	(0.510 87)	(0.531 61)	(1.537 57)	(0.257 00)
太阳能（-2）	-0.005 397	-0.737 173	0.472 785	-0.486 292	-0.112 011
	(0.000 75)	(0.257 91)	(0.268 37)	(0.776 22)	(0.129 74)
生物质能（-1）	-0.055 960	-6.690 497	2.146 546	-7.918 751	-0.197 620
	(0.005 37)	(1.840 29)	(1.914 99)	(5.538 73)	(0.925 78)
生物质能（-2）	-0.025 034	-4.457 243	4.540 417	-6.810 824	-0.554 347
	(0.005 53)	(1.894 78)	(1.971 70)	(5.702 75)	(0.953 20)
C	-1.295 068	-71.324 66	139.994 3	-293.929 0	-85.440 73
	(0.350 54)	(120.055)	(124.928)	(361.331)	(60.395 3)
R²	0.999 999	0.998 720	0.999 820	0.999 563	0.998 299

表 5-19　城镇国有单位就业与可再生能源之间向量自回归估计结果

变量	就业	可再生能源总量	风能	太阳能	生物质能
就业（-1）	0.049 873	17.993 01	-10.047 55	4.283 427	0.380 384
	(0.251 54)	(14.516 0)	(12.713 9)	(24.302 9)	(0.152 82)
就业（-2）	-0.019 568	6.215 218	-2.762 967	1.907 862	-2.726 467
	(0.133 43)	(7.699 87)	(6.743 92)	(12.891 2)	(0.081 06)

变量	就业	可再生能源总量	风能	太阳能	生物质能
可再生能源总量（-1）	0.034 470	-0.795 696	0.250 174	0.482 387	0.119 371
	(0.013 40)	(0.773 54)	(0.677 51)	(1.295 08)	(0.008 14)
可再生能源总量（-2）	0.010 662	-1.168 945	0.549 998	0.001 900	-0.062 100
	(0.017 99)	(1.038 05)	(0.909 18)	(1.737 91)	(0.010 93)
风能（-1）	0.046 232	1.987 900	0.252 477	1.372 557	0.124 753
	(0.026 54)	(1.531 33)	(1.341 21)	(2.563 77)	(0.016 12)
风能（-2）	-0.040 195	-0.981 727	0.800 048	0.582 670	-0.309 741
	(0.038 93)	(2.246 84)	(1.967 90)	(3.761 69)	(0.023 65)
太阳能（-1）	0.015 222	1.028 022	-0.603 823	0.044 354	0.044 886
	(0.014 80)	(0.853 94)	(0.747 92)	(1.429 68)	(0.008 99)
太阳能（-2）	-0.024 129	-0.549 981	0.196 111	0.154 003	0.022 471
	(0.005 18)	(0.299 20)	(0.262 06)	(0.500 93)	(0.003 15)
生物质能（-1）	0.003 567	-6.464 868	0.866 513	-3.907 806	0.711 649
	(0.060 71)	(3.503 71)	(3.068 72)	(5.865 95)	(0.036 89)
生物质能（-2）	-0.040 442	0.962 873	0.163 718	-0.748 884	0.503 523
	(0.042 28)	(2.439 86)	(2.136 95)	(4.084 84)	(0.025 69)
C	3.794 285	-67.319 87	45.497 89	-2.747 843	8.037 834
	(1.087 49)	(62.757 2)	(54.965 8)	(105.069)	(0.660 69)
R^2	0.996 105	0.990 432	0.999 049	0.998 990	0.999 994

5.4.4 VAR 滞后模型检验

对 VAR 而言，若 VAR 模型所有根模的倒数小于 1，即位于单位圆内，则 VAR 模型是稳定的。如果模型不稳定，脉冲响应函数的标准差就是无效的，因此本部分在建立脉冲响应模型前要对 VAR 模型的滞后结构进行检验。由表 5-20、表 5-21 及图 5-15 和图 5-16 结果可知，所有点都位于单位圆内，VAR 模型是稳定的，接下来可以运用脉冲响应函数来分析可再生能源装机容量对就业的影响。

表 5-20　城镇单位就业与可再生能源 VAR 模型滞后结构检验

Root	Modulus
0. 552 701−0. 812 403i	0. 982 587
0. 552 701+0. 812 403i	0. 982 587
0. 922 182−0. 224 394i	0. 949 091
0. 922 182+0. 224 394i	0. 949 091
−0. 931 419	0. 931 419
0. 917 974	0. 917 974
−0. 327 724−0. 755 229i	0. 823 270
−0. 327 724+0. 755 229i	0. 823 270
−0. 405 646−0. 572 306i	0. 701 486
−0. 405 646+0. 572 306i	0. 701 486

表 5-21　城镇国有单位就业与可再生能源 VAR 模型滞后结构检验

Root	Modulus
0. 944 084	0. 944 084
0. 176 617−0. 925 332i	0. 942 036
0. 176 617+0. 925 332i	0. 942 036
0. 766 507−0. 423 243i	0. 875 595
0. 766 507+0. 423 243i	0. 875 595
−0. 623 107−0. 605 343i	0. 868 736
−0. 623 107+0. 605 343i	0. 868 736
−0. 801 773	0. 801 773
−0. 259 843−0. 138 266i	0. 294 340
−0. 259 843+0. 138 266i	0. 294 340

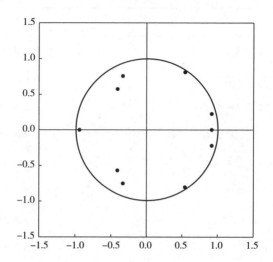

图 5-15 城镇单位就业与可再生能源 VAR 特征多项式根模倒数

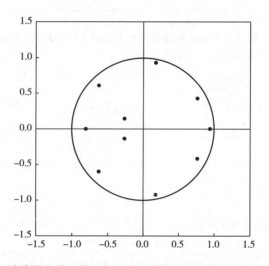

图 5-16 城镇国有单位就业与可再生能源 VAR 特征多项式根模倒数

5.4.5 ADF 检验和协整检验

本书采用 EG 两步法来检验就业与可再生能源，就业与风能，就业与太阳能（光伏）以及就业与生物质能的协整关系。

（1）用 OLS 把就业和国有单位就业分别作为因变量对可再生能源总量、风能、太阳能、生物质能进行静态回归，回归方程如下：

Employ = 9. 764 568+0. 177 978Renewableenergy+∂_{1t}

Employ = 10. 201 21+0. 081 926 1Wind+∂_{2t}

Employ = 10. 131 65+0. 058 767 7Photovoltaic+∂_{3t}

Employ = 9. 048 925+0. 292 706 5Biomass+∂_{4t}

Instateownedemploy = 9. 055 754−0. 066 657 5Renewableenergy+σ_{1t}

Instateownedemploy = 8. 851 466—0. 023 104 8Wind+σ_{2t}

Instateownedemploy = 8. 869 116—0. 016 107Photovoltaic+σ_{3t}

Instateownedemploy = 9. 286 727—0. 106 073 2Biomass+σ_{4t}

（2）分别检验残差序列的单整阶数，方法与检验 GDP 序列平稳性的方法相同。由检验表 5-22 所示结果可知，回归方程的残差序列的 ADF 检验值都小于显著性水平为 1% 时的临界值，即残差序列是平稳序列，说明就业与可再生能源总装机容量，就业与风能装机容量，就业与太阳能装机容量以及就业与生物质能装机容量之间存在协整关系。可见，可再生能源装机容量与就业之间具有长期的均衡关系，本研究可以利用脉冲响应函数来分析两者之间的动态关系。

表 5-22　协整方程序列 ADF 检验结果

变量	ADF 值	1%显著性水平	5%显著性水平	10%显著性水平	结论
$\hat{\partial}_{1t}$	−2. 587	−2. 660	−1. 950	−1. 600	平稳
$\hat{\partial}_{2t}$	−2. 446	−2. 660	−1. 950	−1. 600	平稳
$\hat{\partial}_{3t}$	−1. 958	−2. 660	−1. 950	−1. 600	平稳
$\hat{\partial}_{4t}$	−2. 606	−2. 660	−1. 950	−1. 600	平稳
$\hat{\sigma}_{1t}$	−1. 801	−2. 660	−1. 950	−1. 600	平稳
$\hat{\sigma}_{2t}$	−2. 865	−2. 660	−1. 950	−1. 600	平稳
$\hat{\sigma}_{3t}$	−2. 927	−2. 660	−1. 950	−1. 600	平稳
$\hat{\sigma}_{4t}$	−1. 722	−2. 660	−1. 950	−1. 600	平稳

5.4.6　广义脉冲响应分析

本书为分析可再生能源与就业的动态关系，运用广义脉冲响应函数分析二者之间的冲击响应，这里将冲击响应期设定为 15 期。

1）城镇单位就业与可再生能源总量的动态关系

可再生能源总量与城镇单位就业量的脉冲响应分析结果见表 5-23 和图 5-17 所示。从城镇单位就业对可再生能源总量一个标准差冲击的响应来看，就业的当期反应几乎为 0，第 2 期达到最大为 0.028，而后可再生能源装机对就业的正效应逐步增加，整个分析期内可再生能源总装机量的就业效应都为稳定的正值，累积响应值为 0.051，表明可再生能源生产能力每增加 10%，城镇单位就业量增加 25.4%。总之，可再生能源的总装机容量对城镇单位就业有较稳定的促进作用，也揭示了如果我们能更好地开发和利用可再生能源，将极大提升就业效应。

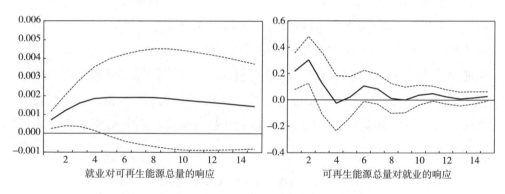

图 5-17　城镇单位就业与可再生能源脉冲响应曲线

2）城镇国有单位就业与可再生能源总量的动态关系

如图 5-18 和表 5-24 所示，城镇国有单位就业对可再生能源总量的冲击为负值，当期冲击响应值为 -0.001 4，第 3 期负值达到最大，之后负效应逐渐缩小，整个分析期内可再生能源的装机总量对城镇国有单位就业的总效应为 -0.013，即可再生能源装机容量每增加 10%，城镇国有单位就业量减少 2.03%，与上一节中基于产出的就业弹性基本一致。

3）城镇单位就业与风能的动态关系

如图 5-19 与表 5-23 所示，城镇单位就业对风能装机容量的冲击反应当期为 0.000 4，在第 3 期达到峰值 0.001，后期有小幅度下降，第 8 期到第 12

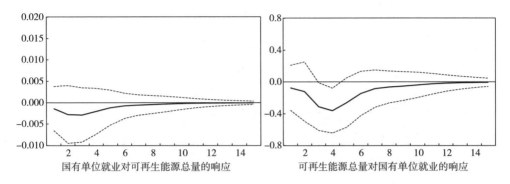

图 5-18 城镇国有单位就业与可再生能源脉冲响应曲线

期为负值，第 13 期开始又回归为正值，就业对风能产量的累积响应值为 0.005，表明可再生能源装机容量每增加 10%，城镇单位就业量增加 2.04%，风能的生产能力的变动对城镇单位就业增长具有较好的促进作用。

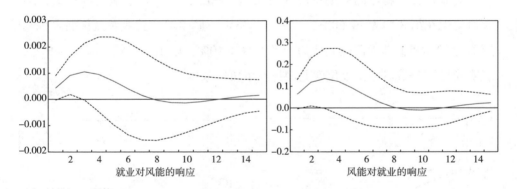

图 5-19 城镇单位就业与风能脉冲响应曲线

4）城镇国有单位就业与风能的动态关系

如图 5-20 和表 5-24 所示，城镇国有单位就业对风能装机容量的冲击反应当期为 0.000 7，第 3 期反应值达到顶峰为 0.004，之后逐渐下降为负值，但在观察期内，风能对国有单位就业的总体就业效应是正值，为 0.007，表明可再生能源装机容量每增加 10%，城镇单位就业量增加 0.90%，风能生产能力的扩大能够推动城镇国有单位就业的增长。

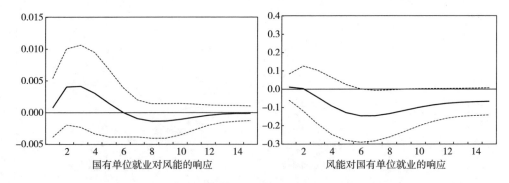

国有单位就业对风能的响应　　　　风能对国有单位就业的响应

图 5-20　城镇国有单位就业与风能脉冲响应曲线

5）城镇单位就业与太阳能光伏的动态关系

如图 5-21 与表 5-23 所示，在城镇单位就业对太阳能装机容量的冲击响应中，太阳能光伏的反应值均为负值，从城镇单位就业对光伏的一个单位冲击的响应来看，就业的当期反应为负值-0.000 2，之后负效应逐渐增大，最大值出现在第 8 期为-0.0023，最后趋于稳定。城镇单位就业对光伏能累积响应值为-0.025，即太阳能光伏的产量每增加 10%，城镇单位就业减少 3.9%，表明光伏能产量对城镇单位就业增长产生负向效应。

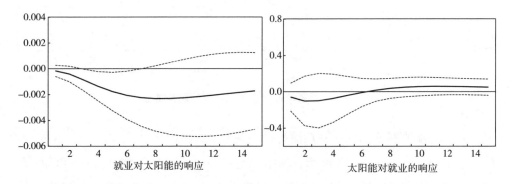

就业对太阳能的响应　　　　太阳能对就业的响应

图 5-21　城镇单位就业与光伏脉冲响应曲线

6）城镇国有单位就业与太阳能光伏的动态关系

如图 5-22 与表 5-24 所示，在城镇国有单位就业对太阳能装机容量的冲击中，当期反应值为正值 0.001，最大反应值出现在第 2 期为 0.006 6，之后城镇国有单位就业的反应值逐渐缩小，第 6 期转为负值。城镇国有单位就业对太阳能装机容量总的反应值为-0.024，表明太阳能装机容量每增加 10%，城镇国有单位就业减少 1.2%，即太阳能发电能力对城镇国有单位就业的效应为负值。这一结论与本章基于产出的就业弹性的测算结果基本一致。

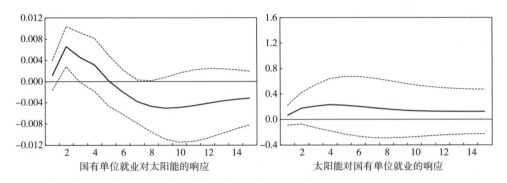

图 5-22　城镇国有单位就业与光伏脉冲响应曲线

7）城镇单位就业与生物质能的动态关系

由表 5-23 和图 5-23 可知，从城镇单位就业对生物质能的一个单位冲击响应来看，生物质能的当期反应为正值 0.000 3，第 2 期的响应值为负值-0.000 1，在这之后呈现上升趋势且所有响应值均为正值，在第 7 期达到最高 0.000 36，在分析期的城镇单位就业对生物质能的累积响应值为 0.004 2，表明生物质能装机容量每增加 10%，城镇单位就业量增加 3.1%，生物质能发电能力的增长对城镇单位就业产生较强的正向效应，并且动态响应轨迹与就业对生物质能的开发利用量的响应轨迹十分相似。这与生物质能的容量因子较高有直接关系。

8）城镇国有单位就业与生物质能的动态关系

如图 5-24 与表 5-24 所示，从城镇国有单位就业对生物质能装机容量的一个单位冲击来看，当期反应为正值 0.002 7，第 2 期达到最大值 0.002 9，之后反应值不断下降，最终维持在 0 值附近，累计反应值为 0.008，即生物质能装机容量每增加 10%，城镇国有单位就业增加 1.8%，表明生物质能的装机容量对城镇国有单位就业有轻微的正效应。

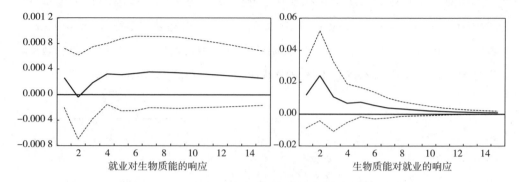

图 5-23　城镇单位就业与生物质能脉冲响应曲线

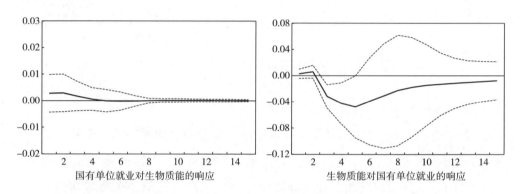

图 5-24　城镇国有单位就业与生物质能脉冲响应曲线

表 5-23　城镇单位就业与可再生能源的广义脉冲响应分析结果

时期	就业对可再生能源总量的响应	可再生能源总量对就业的响应	就业对风能的响应	风能对就业的响应	就业对太阳能的响应	太阳能对就业的响应	就业对生物质能的响应	生物质能对就业的响应
1	0.000 711	0.216 816	0.000 439	0.062 928	-0.000 168	-0.058 637	0.000 263	0.011 882
2	0.028 040	0.304 160	0.000 918	0.118 693	-0.000 409	-0.101 966	-3.90E-05	0.024 062
3	0.001 620	0.122 782	0.001 058	0.134 862	-0.000 872	-0.098 751	0.000 186	0.010 785
4	0.001 855	-0.024 519	0.000 955	0.121 972	-0.001 351	-0.074 310	0.000 324	0.006 807
5	0.001 914	0.022 376	0.000 705	0.091 826	-0.001 758	-0.042 063	0.000 313	0.007 478
6	0.001 911	0.106 572	0.000 410	0.056 320	-0.002 053	-0.010 542	0.000 333	0.005 451

续表

时期	就业对可再生能源总量的响应	可再生能源总量对就业的响应	就业对风能的响应	风能对就业的响应	就业对太阳能的响应	太阳能对就业的响应	就业对生物质能的响应	生物质能对就业的响应
7	0.001 919	0.082 617	0.000 148	0.024 701	−0.002 232	0.015 821	0.000 355	0.003 811
8	0.001 914	0.011 548	−3.75E−05	0.002 414	−0.002 310	0.035 378	0.000 352	0.003 228
9	0.001 862	0.000 570	−0.000 130	−0.008 865	−0.002 309	0.048 210	0.000 343	0.002 621
10	0.001 784	0.037 171	−0.000 142	−0.010 383	−0.002 252	0.055 310	0.000 334	0.002 052
11	0.001 715	0.048 986	−9.55E−05	−0.005 104	−0.002 161	0.058 021	0.000 321	0.001 690
12	0.001 657	0.025 055	−2.16E−05	0.003 486	−0.002 052	0.057 691	0.000 306	0.001 417
13	0.001 593	0.008 525	5.43E−05	0.012 307	−0.001 937	0.055 477	0.000 291	0.001 185
14	0.001 519	0.017 237	0.000 114	0.019 221	−0.001 825	0.055 477	0.000 275	0.001 009
15	0.001 447	0.028 040	0.000 150	0.023 197	−0.001 718	0.048 723	0.000 259	0.000 872
累计	0.051 461	1.007 936	0.004 524 7	0.647 575	−0.025 407	0.043 839	0.004 216	0.084 35

表 5-24 城镇国有单位就业与可再生能源的广义脉冲响应分析结果

时期	就业对可再生能源总量的响应	可再生能源总量对就业的响应	就业对风能的响应	风能对就业的响应	就业对太阳能的响应	太阳能对就业的响应	就业对生物质能的响应	生物质能对就业的响应
1	−0.001 376	−0.075 195	0.000 745	0.011 435	0.001 131	0.062 943	0.002 749	0.002 750
2	−0.002 755	−0.123 053	0.004 042	0.003 262	0.006 578	0.175 829	0.002 884	0.006 012
3	−0.002 871	−0.312 279	0.004 139	−0.043 394	0.004 509	0.208 329	0.001 679	−0.031 655
4	−0.002 022	−0.362 174	0.003 047	−0.092 148	0.003 118	0.231 097	0.000 572	−0.042 215
5	−0.001 169	−0.262 823	0.001 450	−0.128 163	0.000 106	0.220 850	−7.98E−05	−0.047 708
6	−0.000 726	−0.147 350	1.82E−05	−0.145 225	−0.002 028	0.204 417	−0.000 233	−0.039 259
7	−0.000 554	−0.086 168	−0.000 933	−0.145 127	−0.003 810	0.181 354	−0.000 145	−0.031 052
8	−0.000 441	−0.065 610	−0.001 345	−0.133 546	−0.004 708	0.161 440	3.45E−06	−0.022 770
9	−0.000 317	−0.054 023	−0.001 331	−0.116 924	−0.005 059	0.145 217	9.83E−05	−0.017 969
10	−0.000 208	−0.039 669	−0.001 067	−0.100 404	−0.004 930	0.134 511	0.000 127	−0.014 850
11	−0.000 137	−0.025 936	−0.000 726	−0.087 006	−0.004 578	0.128 118	0.000 110	−0.013 150

续表

时期	就业对可再生能源总量的响应	可再生能源总量对就业的响应	就业对风能的响应	风能对就业的响应	就业对太阳能的响应	太阳能对就业的响应	就业对生物质能的响应	生物质能对就业的响应
12	−9.68E−05	−0.016 756	−0.000 425	−0.077 712	−0.004 133	0.125 074	7.84E−05	−0.011 705
13	−7.09E−05	−0.011 727	−0.000 223	−0.072 060	−0.003 721	0.123 867	5.14E−05	−0.010 374
14	−5.08E−05	−0.008 670	−0.000 127	−0.068 881	−0.003 390	0.123 427	3.55E−05	−0.008 982
15	−3.50E−05	−0.006 272	−0.000 114	−0.066 899	−0.003 160	0.122 923	2.84E−05	−0.007 674
累计	−0.012 829 5	−1.597 705	0.007 150 2	−1.262 792	−0.024 075	2.349 396	0.007 958 7	−0.290 601

5.4.7 方差分解

1）城镇单位就业与可再生能源的预测方差分解

由表5−25结果可知，就总体而言，城镇单位就业量解释各个可再生能源装机容量的预测方差分解的贡献度较高，城镇单位就业量对所有可再生能源的预测方差高达63%以上，其对太阳能的预测方差最小，为5.83%。相比之前，各个可再生能源对城镇单位就业量的预测方差的解释贡献度较小，太阳能除外，其对城镇单位就业的预测方差高达50%，可再生能源装机容量的总体效应对城镇单位就业的预测方差解释最低，为0.657%。

表5−25　城镇单位就业与可再生能源的方差分解

可再生能源指标	城镇单位就业对可再生能源的方差分解平均贡献度（%）	可再生能源对城镇单位就业的方差分解平均贡献度（%）
可再生能源总量	63.085	0.657
风能	40.718	7.387
太阳能	5.837	50.021
生物质能	30.636	5.754

2）城镇国有单位就业与可再生能源的预测方差分解

如表5−26所示，总体而言，城镇国有单位就业对可再生能源装机容量的解释力度更大，总预测方差高达38.237%，国有单位就业最能解释生物质能的生产能力，解释方差高达 84.825%；而可再生能源装机容量对城镇国有单位就业方差的平均贡献程度仅为 2.842%，其中太阳能对国有单位就业的贡献度最大，为 56.3%。

表 5-26　城镇国有单位就业与可再生能源的方差分解

可再生能源指标	城镇国有单位就业对可再生能源的方差分解平均贡献度（%）	可再生能源对城镇国有单位就业的方差分解平均贡献度（%）
可再生能源总量	38.237	2.842
风能	29.324	16.069
太阳能	9.715	56.313
生物质能	84.825	0.071

5.5　本章小结

（1）为了厘清能源与就业之间的相互作用，本章运用传统的向量自回归模型（VAR）考察了不同测度下的可再生能源产业发展对就业的动态影响。综合来看，如表 5-27 所示，除风能外，可再生能源总量、太阳能（光伏）和生物质能的就业效应在基于发电利用量和装机容量两种测度下的就业弹性表现十分稳健，其中可再生能源对于城镇单位就业有较强的正效应，在产出指标下弹性为 5.69%，在生产能力指标下弹性为 25.4%。区分不同的可再生能源技术来看，生物质能在不同能源测度下都有较高和非常稳健的就业弹性，其中基于产出的就业弹性分别为 6.8% 与 1.4%，基于生产能力的就业弹性略小但依然显著为正，分别为 3.1% 与 1.8%，这一结果与本书第四章的内容相互呼应，在此验证了生物质能的产业链特性和超高利用率（容量因子）是引致其具有显著就业正效应的重要原因。

（2）值得指出的是，太阳能光伏在不同测度与不同部门的就业效应都为负值。这一结论与本书第四章中基于投入产出表测算的就业规模基本一致，但与基于生命周期产业链测度的就业弹性不相符合。产生这一结果的原因可能是 VAR 模型着重描述内生变量之间长期发展中的稳态关系，而之前的静态系数都从产业本身的产业链构成来考虑，不看经济社会环境中其他因素对太阳能光伏就业效应的影响。太阳能光伏与其他可再生能源很大的一个不同点是其在生产制造环节需要消耗大量的能源，并且产生高污染。光伏产业当初的快速扩张是以政府的高额补贴为驱动力发展起来的，而近几年来不仅补贴力下降，甚至以往承诺的补贴也难以继续履行，太阳能光伏产业的扩张速度骤减，对就业效应产生了不利影响。另一方面，太阳能光伏电站的装机容量与风能相差无几，但可利用小时数比风电还低，大约只有一半，容量因子是可再生能源类别中最低的，这也就意味着光伏产业实际贡献的产值及其创造的岗位数量十分有限，并且后续增长乏力，并未随着经济增长而协调同步扩张。

表 5-27　不同可再生能源技术下基于产出与生产能力的就业弹性汇总

	城镇单位就业弹性（%）	城镇国有单位就业弹性（%）
可再生能源发电量（%）	5.69	-4.40
可再生能源装机容量	25.4	-2.03
风能发电量	—	—
风能装机容量	2.04	0.90
太阳能光伏发电量	-16.70	-5.10
太阳能光伏装机容量	-3.90	-1.20
生物质发电量	6.8	1.4
生物质能装机容量	3.1	1.8

注：表格中的数值代表能源每变化 10%，就业变化的比例。

（3）本章的研究还发现，风能发电利用量与就业之前并未通过 VAR 模型的协整检验，而当用生产能力指标来测度风能时，风能的装机容量与单位就业之间就存在稳定的协调发展关系。风能装机容量每变化 10%，城镇单位就业增加 2.04%，国有单位就业增加 0.9%。究其原因，这也与风电实际消纳量密切相关。虽然风电装机量近些年来增长迅速，但发电能力有一半处于闲置状态，使得我们难以捕捉到风能利用量与经济发展、就业增长之间的协调性。

（4）从可再生能源产业发展对我国不同部门的就业影响来看，能源发展对就业增长的贡献主要集中在非国有单位和企业中，而在国有单位就业中，大部分可再生能源的就业效应都为负值。这可能与我国近年来劳动力市场结构的总体趋势密不可分，一方面，国有企业就业比重持续下降，劳动力市场的灵活化成为大趋势，另一方面，结合本书第四章中的典型企业调研，可再生能源企业在生产、制造、安装环节与运营维护环节都大量引入外包、派遣等非标准就业模式，而非在企业内部直接增加岗位，以 TBDG 集团为首的光伏行业更是如此。在这一背景下，我们就能更好地理解之所以城镇国有单位就业弹性的最小值来源于太阳能光伏产业的原因。

6 促进可再生能源产业就业效应的政策体系

当前，可再生能源提供了全球新增电力需求的一半，中国贡献了全球可再生能源增量的 40%，已经超越美国成为全球最大的可再生能源生产国。与此同时，实现高比例的新型能源替代，已成为世界性的趋势，大力发展新能源和可再生能源等清洁能源，大幅增加有效供给，是优化能源结构、实现绿色发展的必由之路。在可再生能源产业发展及其就业效应增长的过程中，政策引导是十分重要的情景变量，会显著影响岗位创造。例如，由于可再生能源发电成本较高，我国与其他国家一样实行了价格补贴与费用分摊的政策，从整体经济角度来看，这种补贴形成一种额外成本，在预算给定的情况下降低了政府对其他部门的支出，最终间接带来岗位损失。

6.1 可再生能源产业政策的现状

目前，学术界对实现可再生能源就业效应的政策体系有所讨论，但尚未形成统一结论。皮尔斯（Pearce，1991）[①] 提出，采用环境税既可保护环境，又可降低税收体系成本，实现双重红利。陈媛媛（2011）[②] 通过对 25 个工业行业的实证分析，发现加强环境管制可以促进就业。大卫等（David 等，2010）分析美国印第安纳州实施碳排放配额机制的收入和就业效应，认为该制度可能造成私营部门的就业流失。李元龙（2011）利用 CGE 模型研究环境政策的就业效应，发现环境税政策对节能减排起到积极的促进作用，但会对经济增长和就业产生一定的负面影响。胡绍雨（2011）对中国准环境税的就业效应

① PEARCE D W. The role of carbon taxes in adjusting global warming [J]. Economic Journal, 1991 (7).
② 陈媛媛. 行业环境管制对就业影响的经验研究：基于 25 个工业行业的实证分析 [J]. 当代经济科学，2011，33（03）：67-73.

进行实证检验，发现环境税对改善环境有显著影响，但对增加就业影响不显著。

现有研究大多从实证的角度讨论税收政策对经济与就业的影响。实际上，随着气候问题的凸显和低碳经济的兴起，各国不仅制定了实现可再生能源产业就业效应的税收政策，还出台了相关的投资政策、人才政策、环境政策和能源政策。例如，新加坡实施"技能更新与适应力"计划，帮助个人提升劳动能力和满足转岗需求；中国制定产业规划，明确新能源产业发展目标和途径，并对新能源实施财政补助。笔者整理了刘秀莲（2011）[1]、李青青（2012）[2] 以及国外文献中关于促进可再生能源产业发展的政策分析，按照政策类型进行归纳，绘制成表6-1。

表6-1　促进可再生能源产业发展的政策

政策类型	举例
能源政策	欧盟加强新能源供给，扶持生物燃料种植
	印度制定新能源补贴政策和激励制度；促进国际合作，加大新能源开发力度
	中国制定产业规划，明确新能源产业发展目标和途径；对新能源实施财政补助
环境政策	美国的《国家环境政策法》
	加拿大的《环境保护法》
	俄罗斯的《联邦环境保护法》
投资政策	中国《清洁生产促进法》《可再生能源法》
	美国通过绿色基础设施投资及新能源投资的溢出效应创造就业
	英国在绿色建筑、风能、潮汐能等领域投资1 000亿美元
税收政策	美国政府实施了总额为23亿美元的税收优惠政策
	英国开征气候变化税以提高产业能效
	印度对太阳能热水器使用者降低了房产税
	德国生态税改革

---

[1] 刘秀莲．欧盟国家新能源产业重点领域选择、目标及政策借鉴［J］．经济研究参考，2011（16）：40-51.

[2] 李青青．绿色就业政策研究［D］．上海：华东政法大学，2012.

政策类型	举例
人才政策	2007 年，美国提供 1.25 亿美元培训 3.5 万名劳动者进入绿色行业
	新加坡实施"技能更新与适应力"计划，帮助个人提升劳动能力和满足转岗需求
	中国政府实施绿色就业培训计划，建立绿色职业认证制度

如表 6-1 所示，促进可再生能源产业发展的政策涉及能源、环境、投资、税收、人才培养等各方面，这些政策是促进就业、缓解环境问题的坚实后盾。但是，当前的研究大多聚焦于税收政策对经济与就业的影响，对其他类型的政策研究较少；较多分析政策如何促进产业发展，很少研究这些政策如何通过发展产业而影响就业；虽然分析了政策对宏观经济或就业总量的影响，但是没有详细研究各类政策对不同地区、不同类型劳动力的影响效果的差异。因此，要构建实现可再生能源产业就业效应的政策体系，必须研究并解决这些问题。

6.2　可再生能源现有产业政策的问题

我国政府主导的可再生能源开发利用政策，是我国能源政策失误的典型案例。由于目标过高、政策不当、管理不善，可再生能源开发利用乱象丛生，投资失控，盲目扩张，浪费惊人，损失巨大，损害生态环境。可再生能源的发展，某种程度上正重演"大跃进"的"高指标、瞎指挥、弄虚作假"三部曲。2017 年，全国水电、风电、光伏发电装机容量分别为 341.2 吉瓦、188.3 吉瓦和 130.3 吉瓦，分别为 2005 年的 2.9 倍、154 倍和 1 861 倍。"十一五"风电规划装机容量 1 000 万千瓦，只完成 29.6%。西南水电装机容量达 153.1 吉瓦，为 2005 年的 4.7 倍。

（1）弃水、弃风、弃光现象非常严重。2017 年，全国弃水、弃风、弃光达 1 007 亿千瓦时，相当于北京一年的用电量。其中弃水 515 亿千瓦时，弃风 419 亿千瓦时，弃光 73 亿千瓦时。弃水、弃风、弃光的经济损失达 413 亿元，浪费投资 474 亿元。弃水、弃风、弃光的主要原因是电力市场化改革滞后，电网建设不配套，电力系统调节能力不足，消纳不畅，一些地方政府偏爱煤电，为可再生能源发电设限。

（2）生物质能的政策推广不力。2017 年，全国居民生活用能消耗生物质能 0.8 亿吨标准煤，其中薪柴占 60%，秸秆占 40%；煤炭 2.3 亿吨标准煤。居民烧柴烧煤严重损害健康。根据 2018 年中国统计年鉴的数据，燃用固体燃料产生的室内污染，导致呼吸系统疾病死亡 100 万人。对这样一件关系国计民生的大事，至今仍遭忽视。传统烧柴（薪柴和秸秆）炉灶热效率只有 18%，新型节柴炉灶平均为 35%，仍然很低，因此传统烧柴炉灶的消费方法应该被逐步淘汰。其实，替代烧柴有多种选择，包括沼气、生物质成型燃料、生物质气化、小水电、洁净型煤、液化石油气等。近年已实施不少这类项目，但推广受阻，只要财政补贴等到位，可很快见效。

（3）光伏电池生产缺乏监管，安全问题频出。太阳能光伏虽然是可再生能源产业中的重要组成部分，但制造光伏电池的多晶硅（制造单晶硅的原料）却是高耗能、高污染产业。生产 1 千克多晶硅排放 4 千克有毒物质。由于在光伏产业的各个生产环节缺乏必要的监管和问责机制，绿色能源产业开发利用中恶性事件屡见不鲜，其对社会效益的正向作用大打折扣。例如，宁夏石嘴山多晶硅厂，排放四氯化硅和氯化氢，导致周围寸草不生。河北宁晋县是全球最大单晶硅光伏电池产地，2016 年产量达 3 吉瓦。2017 年 4 月 29 日，一家生产单晶硅的化工厂毒气外泄，引发大规模群体事件，近万名百姓抗议抵制。同年 5 月 8 日，该县东汪村村民不满单晶硅厂排放毒气和污水，连续 10 天在厂门口驻守抗议，从而引发各类影响社会稳定的问题。但我国大型多晶硅生产企业已有实现低排放的探索实践（江苏中能），我国政策如何引导和促进绿色能源的绿色生产是今后必须要面对的问题。

（4）可再生能源产业的政策实施缺乏规范，导致骗补横行。可再生能源领域内政策设计与实施缺乏规范，导致补贴申请乱象丛生。2003—2013 年实施的"金太阳"工程，中央财政拨付 430 亿元补贴资金，实行饱受诟病的事前补贴，补贴率高达项目投资的 50%，从而助推了骗补横行行为。一些项目以次充好，甚至采用报废产品，损失惨重。生产生物质成型燃料，每吨补贴 140

元,致使 2012 年产量 550 万吨,助推了次品横行。2013 年,我国政府更因骗补泛滥而取消"一带一路"倡议下可再生能源的跨国投资与国际合作,给相关行业带来了巨大损失。在这一背景下,如何设置补贴政策,更有效地推动可再生能源产业的健康可持续发展是今后理论专家与政策制定者需要共同面对的重要问题。

6.3 促进可再生能源产业就业效应的相关政策

6.3.1 消费者习惯及能源政策

各国政府和公众越来越意识到需要减少人类活动对环境产生的不利影响,对自然系统脆弱性的理解促使世界很多地区采取减缓和适应气候变化的政策,并在国际和国内政策议程的顶层设计上加大力度。近 10 年来,随着极端天气的增多,雾霾现象的出现及治理代价的不确定,以及人民对气候变化、环境变化等方面认知水平的提高,包括我国广大人民群众在内的多数能源消费者,对清洁能源产品(大部分来源于可再生能源)的需求增加将成为劳动力市场变化的关键驱动因素。气候变化已经开始改变消费者的行为习惯和决策偏好,具体表现在消费者会减少可能会对环境产生危害的能源产品使用需求,而增加对能源效率高和无污染产品的需求。

最初人们普遍认为气候变化监管是一种"工作杀手",主要是因为它会给企业带来压力,尤其是对中小企业而言。然而几乎没有证据表明现有监管措施会显著抑制就业,特别是在传统工业部门。采掘业和公用事业的就业人数减少主要归因于与环境监管无关的其他原因,如自动化水平提高、技术变革、企业重组和劳务外包等。相反,对于气候变化监管和向低碳经济转型可以成为就业增长源的观点已经达成了共识(就业增长将超过就业损失)。虽然这个共识仍然缺乏坚实的实证基础,但国外和国内很多尝试已经基本验证了这一共识。"绿色发展"成为各国的普遍共识,也已经写入中国发展的重要行动纲领,作为解决新时期社会主要矛盾的重要手段,从就业角度来讲,其也已成为经济下行期间失业问题的"解毒剂"。

应对气候变化带来的经济结构调整将需要大量的政策和监管干预，以最大限度地降低风险和利用机会，因为单靠市场力量无法提供变革平台。因此，决策者面临着双重挑战：经济转型和绿色发展。过渡援助对于高排放生产工业集中度高的地区尤为重要，但是长期补贴又会显著增加财政负担，需要在两难中寻求相对平衡。但总体上应该采取积极的劳动力市场政策和环境保护政策，这种政策的体现和延伸就表现为传统化石能源和可再生能源之间的比例关系变化及利益对抗，可再生能源之间能源比例关系变化及实际贡献大小，提高可再生能源稳定性和可利用性的技术措施，提高电网对可再生能源的消纳能力，提升分布式能源供给和需求的平衡等。

接下来的能源政策应该继续尊重我国相对富煤少油缺气的基本能源现状，继续尊重并保障先前制定的科学政策能够延续执行，优先保障能源供给安全，强调能源政策的普适性和差异性，最大限度地提高传统化石能源的转换效率，制定合理的化石能源退出和淘汰机制，积极发展储能技术，积极发展虚拟电厂技术，合理有效使用深度调峰手段，有序提高可再生能源的占比和消纳能力，有序提高人才、资金、技术对可再生能源的倾斜力度，逐步取消各种不利于可再生能源长远健康发展的补贴政策。

在消费者习惯引导方面，也应遵从我国的能源现状，不对可再生能源的发展及贡献进行扩大或缩小的不当宣传，逐步引导大家改善消费习惯，减少能源浪费，鼓励合理的分布式能源生产和消费，鼓励学习可再生能源的基本知识，鼓励消费者合理使用以可再生能源为主的能源消费品（如真正的清洁能源汽车等），鼓励企业研发和推广真正的清洁能源产品，积极培育可再生能源使用的场景，积极开拓并疏导可再生能源消费市场，积极研究使用可再生能源的产品废旧回收和处理技术。同时，对打着清洁能源或者可再生能源的幌子，隐瞒高碳足迹的技术及产品进行有效监管和打击。

6.3.2 投资与金融政策

可再生能源项目在建设方面具有重资产、周期长、回报慢的特点，尤其在发展初期和中期，市场规模和生产规模都比较小，产业链不丰富不完整，初期投资比较高，收益不确定，这些都需要有稳定的投融资渠道甚至直接补贴予以支持，并逐步通过金融政策和技术进步降低成本。绿色金融可以为可再生能源的发展提供便捷高效的融资渠道，这对于行业发展有着极其重要的作用。绿色金融基本以绿色信贷、绿色债券、绿色保险为代表。

在绿色信贷方面，一类是针对可再生能源的建设项目，主要分为太阳能、风能、生物质能、水力、智能电网及其他清洁能源。近几年来，这一类项目中，规模最大且增长速度最慢的是水力发电项目，增长速度最快的是太阳能发电项目，这与细分能源种类的属性、发展阶段、市场成熟程度等因素密切相关；另一类是针对战略新兴产业项目中的可再生能源制造端而言，信贷情况基本与建设项目吻合。建议根据市场需求和技术发展状况，密切关注海上风电、新型储能技术、热电解耦技术、新型电池技术、电池回收及无害化处理技术、深度调峰技术、负荷智能优化分配技术、智能微网技术、智能制造及运维技术、大数据技术等重点技术或产品，采用更灵活的绿色信贷政策，更加强调信贷资源配置效率，为可再生能源快速发展提供信贷保障，降低融资成本。

在绿色债券方面，非金融企业绿色债券募集资金应主要用于清洁能源和清洁交通领域。未来 20 年，风、光总装机还有广阔发展空间，特别是海上风电，政府可引导绿色债券向此领域进一步倾斜。

在绿色保险方面，可再生能源相关企业既有与传统化石能源企业或其他典型企业类似的需求，也有其特殊需求（如天气变化会给风、光发电企业带来不确定性等）。保险公司可尝试将太阳辐射不足或者风力不足导致发电量减少等状况纳入保险范围，提供保险产品，在帮助风、光发电企业平滑企业经营风险的同时，一定程度上为企业提供融资增信支持。

6.3.3 人才政策

可再生能源的充分开发和利用依赖于充足的人才和技术储备，当然技术也来源于人才，所以人才政策对可再生能源及相关就业的促进作用非常关键，是实现长久和良性发展必须重视的根本性问题，政策导向对人才的去留及培养有着相当重要的影响。

1）人才摸底及人才库的建立

截至目前，国家并未针对可再生能源进行人才摸底，没有建立起系统的人才库，这显然对行业的发展不利。能源行业其实是跨学科跨领域特征较为明显的一个行业，可再生能源是能源的一种方式，其人才也具有跨学科跨领域的特征，这也给人才摸底和人才库的建立增加了难度。但可以从大专院校、科研院所、学术机构、企事业单位、行业协会、社会相关机构等入手，多种方式并举，根据人才的专业特长，将其分为规划人才、管理人才、技术人才、生产制造人才、施工建设人才、运维人才、投资及金融人才等，逐步建立起可再生能源领域相关专业人才库，这是非常有必要且切实可行的。

2）人才流动与人才规划

在任何一个行业，人才的流动是常态，即便建立了人才库，人才的流动或者人才的成长也都处于变动状态。政府应该根据市场需求，引导人才合理流动，实现一专多能，合理搭配和自由流动，引导弱相关专业人才向强相关专业人才演进，特别需要关注以下这些类别的人才。

（1）战略规划人才。战略规划人才主要包括高端智库、高等院校、行业协会、政府相关部门的顶尖规划人才，他们往往具有技术背景，又非常熟悉国内外的行业现状，理论结合实践的能力很强，属于最稀缺的人才。此类人才的主要职责是统筹制定全国全行业的相关政策和落地规划，完善现有政策和规划，起到引领行业发展方向、制定发展目标、把握发展节奏、协调各种资源要素等方面的作用。

（2）管理人才。管理人才是行业发展的中坚力量，小到一个行业协会的分会，大到国家层面的政策制定都需要各种各样的管理人才，其核心价值是具体计划、指导和协调所在机构的资源要素，保障人力资源合理利用，人才策略、招聘、实施计划的落地管理和具体推进等。

（3）科技人才。科技人才是行业发展的造血剂。这部分人属于高技术、高能动的创新性人才，主要工作是开展基础性研究和创新性研究，是行业技术研发和自主创新的主要力量。科技人才对技术的进步起到决定性的作用，是提升可再生能源技术含量的主力军，是智能制造的主要推进力量。

（4）生产制造人才。生产制造人才是行业发展的基础性人才，主要集中于可再生能源的装备制造方面，主要工作是生产制造出可再生能源的各种装备，创造出自有品牌，是智能制造落地的最终保障。

（5）施工建设人才。可再生能源根据细分种类和属性的不同，施工及建设的方式也存在较大差异，但不管怎样，施工建设人才是保障行业快速发展，将顶层方案最终变成看得见摸得着的各种能源站的支柱力量，一支优秀的施工建设人才队伍不但能保障行业快速发展和精品落地，也会对将来的高质量运维工作起到非常重要的奠基作用。

（6）运维人才。可再生能源电站的生命周期一般为 20~25 年，在漫长的生命周期内，运维人员的素质和能力决定了可再生能源全生命周期的整体贡献，只有运维良好，所有的顶层设计及制造安装环节的功效才不会打折扣，才能凸显可再生能源对于整个能源体系的贡献。

3）人才培养与人才保障

人才培养是人才开发和利用的基础及核心内容。人才无法拔苗助长，人才培养不是一蹴而就的，应该注重人才培养体系的建立，注重人才梯队的建设，注重政策的引导，注重理论性、实践性、特殊性、时效性的有机组合，注重理论结合实际。可再生能源领域的人才培养计划应纳入国家人才培养计划，在设置相关专业的大专院校增加博士、硕士学位授予点和博士后流动站，鼓励大学和科研院所培养可再生能源领域的专业高级人才，鼓励职业院校培养专业的生产制造人才、施工人才、运维人才，鼓励高校、科研院所、企事业单位积极引入海外高层次人才，加强各层级相关知识的科普工作。此外，在人才保障方面，应从个人因素、组织因素、行业因素、社会因素、政策因素等方面入手，综合保障人才的培养和使用，不断提升人才的能力、社会地位等，做到培养出人才，留得住人才。

4）人才激励

应从税收优惠、金融政策支持、政府补贴、地方立法等方面入手，对可再生能源领域内的专业人才进行有效的激励，最大限度地激发人才的积极性和创造性，缓解可再生能源在能源领域面临的压力，弥补可再生能源自身发展后劲的不足等。

5）绿色技能和培训

各方面可通过培训和交流，增强可再生能源领域的知识积累，增强人才的自信心，激发潜能和创造力，同时让人才感受到自身价值和所受重视程度，进而提高忠诚度，提高技能水平，促进整个行业的健康长远发展。

6.3.4　环境政策

中国现有的以传统化石能源为主的能源系统难以在促进生态文明建设的同时继续支撑未来的经济增长，难以解决现阶段社会的主要矛盾。在2050年前，要加速能源系统转型，构建绿色低碳与现代化经济协同发展的绿色发展框架，形成以水力、太阳能、风能、生物质能等可再生能源为主的能源消费模式。为实现这一目标而采取的一系列措施将带来巨大的环境收益，使得2050年二氧化碳排放水平控制在30亿吨左右，同时实现世界卫生组织 $PM_{2.5}$ 宜居标准。

可再生能源有其自身的优势，但也应注意其开发过程可能对生态环境造成的不利影响。比如，水电开发对所在流域的生态环境有一定影响，特别是会淹没部分土地，可能改变生物生存环境，造成泥沙淤积，施工过程对地貌和植被有一定影响。目前，水电施工技术和环保技术已可将不利影响减少到最低限度，许多水电工程建成后可有效改善生态环境；风电建设要占用大面积的土地，旋转的风机叶片可能影响鸟类，在靠近居民区的地方可能产生噪声污染，目前许多风电场成为一种新的旅游景点，但随着风电建设规模的扩大，可能会出现一些环境问题，如噪声和影响自然景观等；生物质发电过程如果采取环保措施不当，将会排放灰尘等污染物，同时也要消耗水资源，部分环节类似于传统的火力发电，需要采取严格的环保措施。

总体来看，可再生能源开发利用对环境和社会的影响利大于弊，环境政策的制定和执行方面，总体上应鼓励可再生能源的健康发展，同时根据风能、水力、太阳能、地热等不同能源方式进行充分细分，根据所处地理位置、规模大小、当地经济发展水平、电网吸纳能力、外送通道是否畅通等综合考虑对环境的影响，制定出详尽的环境政策。

6.3.5　税收政策

税收是解决外部性的重要手段。传统化石能源在生产和利用过程中易造成环境污染，政府通过征税，可以弥补污染造成的外部成本，达到帕累托最优，促使企业逐渐使用可再生能源进行生产；此外，税收也可以引导投资行为和消费行为。可再生能源属于清洁能源，对环境具有正外部性，但因为初期投入多，资金需求量大，投资风险高，回报周期长，致使企业对可再生能源的开发力度较小。政府通过降低税率等税收优惠措施，可以有效降低企业成本，激励企业对可再生能源进行投资开发。政府征收环保税后，传统能源的成本上升，价格相应提高，可再生能源的成本会逐步降低，加之合理的宣传引导，消费者会逐步加大可再生能源的使用比例。

1）可再生能源方面现行税收政策概况

（1）增值税方面：2009 年 1 月 1 日起，我国已于全国范围内实施消费型增值税。消费型增值税在计算过程中允许纳税人将外购固定资产的价值一次性全部扣除。可再生能源生产企业对固定资产投入较高，实行消费型增值税有利于降低税负，鼓励企业进行设备更新和技术创新。2017 年，国家能源局综合司下发《关于减轻可再生能源领域涉企税费负担的通知》，强调要切实减轻企业增值税税负，对纳税人销售的光伏发电产品，在增值税上给予即征即退 50% 的优惠政策，并将原来的截止时间由 2018 年 12 月 31 日延长至 2020 年 12 月 31 日。以农业废弃物为原料的生物质能发电项目，纳入农产品增值税进项税额核定扣除试点。

（2）企业所得税方面：①有关环境保护、节能节水项目所得的定期优惠。现行税法实行"三免三减半"的优惠政策。从项目取得第一笔生产经营收入所属纳税年度开始企业可以享受该优惠政策，其中，第 1 年至第 3 年免征企业所得税，第 4 年至第 6 年减半征收企业所得税。②税额抵免的优惠。在有关环境保护、节能节水、安全生产的专用设备上，国家为引导企业更多地购置并实际使用，对凡符合有关规定的专用设备的企业，给予了税额抵免的优惠。③减计收入。为鼓励企业对资源进行综合利用，现行税法规定了减计收入的优惠政策。企业生产符合国家规定的产品，可以在应纳税所得额的计算中，在收入部分减少。④创投企业优惠，直接抵减税基。为了鼓励创业投资企业从事需要国家重点支持的项目，国家允许创业投资企业在应纳税所得额中按投资额的一定比例进行抵扣。⑤高新技术企业税率优惠。为鼓励高新技术的研发，对需要重点扶持的高新技术企业减按15%的优惠税率计税。此处的高新技术包括太阳能光伏发电技术、风能发电技术、地热能利用等可再生清洁能源技术。

（3）消费税：消费税的征税范围具有选择性，起到引导消费方向、促进环境保护和节约资源的作用。对不可再生的石油类资源实行从量定额征税，在一定程度上制约消费者对化石能源产品的购买，促进企业使用可再生能源产品。

2）可再生能源方面税收政策存在的问题

（1）税种的相关规定不完善，实质优惠力度小，优惠辐射面窄。比如，增值税和企业所得税的优惠方面，实行增值税即征即退50%和"三免三减半"的优惠政策，企业从项目取得第一笔生产经营收入所属纳税年度开始享受该优惠政策，其中，第1年至第3年免征企业所得税。由于税法对受益企业范围规定很严格，加之可再生资源开发利用前期投入大，回报周期长，真正能享受此待遇的企业其实很少，政策只是看上去"很美"。

（2）对化石能源的使用没有明确的制约方法。消费税中只有成品油、小汽车两个税目与此有关，范围太窄，力度不够。

3）改进措施

可再生能源产业作为国家重点扶持的新兴产业，有必要根据《中华人民共和国可再生能源法》和相关战略规划，制定专门的税收法律，在整合现有税收规定的基础上细化实施条例，满足可再生能源产业各个环节、多重阶段的发展需要，解决税收支持体系边界模糊、定量操作困难的问题。

充分考虑政策功能与可再生能源产业的结合，根据产业发展需要制定最适合的税收优惠政策。例如，在可再生能源企业初设时，要多采用免税期、投资税收抵免等政策缓解企业资金压力，还要采用进口关税抵扣的政策解除企业在进口国外先进技术和设备时的顾虑。在投产初期，可通过优惠税率、增值税抵扣，解决企业成本偏高推高价格而挤压利润的问题。到企业发展成熟后，为了使可再生能源产品走向国际市场，可以通过出口退税、加计扣除、加速折旧，鼓励可再生能源企业继续投入技术革新和设备研发，不断增强企业竞争力。

（1）在增值税的政策完善方面，重点应放在准确判断可再生能源行业中的细分行业及产品特点方面，灵活制定更加合理的税负标准。例如，在可再生能源电力发展初期，将增值税税负统一按照6%的征收率或规定在一定期限内（如3~5年）将增值税返还给企业等。对于固定资产抵扣时间长造成的企业资金成本偏高问题，可先规定一定比例增值税返还，剩余部分再进行逐年抵扣，也可尝试适当缩短抵扣期限。另外，为鼓励科研自主开发，对相关可再生能源设备可实施进口设备免税和采购国产设备全额退还增值税的优惠政策。

（2）在消费税政策的完善方面，扩大征收范围，对高能耗、高污染的化石能源要全面实行具有惩罚性质的高税率（对达到超低排放标准的化石能源要区别对待），有序抑制化石能源的消费，将税款有序转移用于可再生能源项目的研究开发。有针对性地对可再生能源产品少征或减免消费税，如对生物柴油实行低税率，并且对外购或委托加工收回的柴油用于连续生产生物柴油，准予抵扣等。

（3）在关税政策的完善方面，可以根据具体情况给予多层次的进口关税优惠。例如，区分急需且国内不能生产、需要但国内生产能力不足、需要且国内生产充足等不同情况，分别给予免征、减征和按常规征收进口关税。同时，对国内生产已经成熟的可再生能源产品免征出口环节关税，帮助这些企业以价格优势拓展国际市场，并做好反倾销应对措施。

（4）在企业所得税方面，支持可再生能源产业发展的所得税改革。第一，参照高新技术企业，执行15%的优惠税率。第二，明确"三免三减半"政策的相关细节，优惠时间的起始日期计算从自有营业收入开始变更为自有利润开始，尽可能延长优惠时间。第三，对多渠道获得的财政性补贴收入、专项奖励资金、贷款利息以及相关税收返还等实行免征企业所得税。第四，将购置国产设备金额20%~30%的部分从应纳税所得额中抵免，当年不足抵免的，可在规定年限中继续抵免。第五，加大对可再生能源领域的新技术、新产品、新工艺扩大加计扣除的力度,除增加扣除比例的幅度外,还要按是否形成无形资产给予不同程度的加计扣除。第六,允许可再生能源企业对所使用的关键设备采取加速折旧的方法,如风电企业可将固定资产的折旧年限缩短至 8 ~ 10 年。第七,鉴于可再生能源企业实现利润周期长,要适当延长其亏损弥补期限。

(5)在个人所得税方面,对技术人员个人创新、知识产权转让、特许权使用费等给予一定比例的免税或退税。另外,还要加大税收政策宣传力度,对不同行业类型、不同层次纳税人以及不同需求,分类进行政策宣传,扩大全社会对可再生能源税收政策的认知,为可再生能源企业的发展营造良好的政策环境和社会氛围。

可再生能源发展对全社会益处良多,既能保证能源安全又能促进环境保护,并且是经济增长的潜在引擎。其中,可再生能源的就业效应在产业发展初期就可以显现效果,并且有发展潜力广阔的海外市场。在可以预见的未来,我国可以基于"一带一路"倡议开拓更广阔的可再生能源发展与就业增长的新空间。

参考文献

［1］边春鹏. 可再生能源发展对我国就业创造性破坏效应仿真研究［D］. 青岛：中国海洋大学，2013.

［2］戴洁. 低碳经济对就业的影响分析［D］. 广州：暨南大学，2013.

［3］胡宗义，刘亦文. 低碳经济的动态 CGE 研究［J］. 科学学研究，2010，28（10）：1470-1475.

［4］付允，马永欢，刘怡君，等. 低碳经济的发展模式研究［J］. 中国人口·资源与环境，2008，18（3）：14-19.

［5］刘洪涛，席酉民，郭菊娥，等. 陕西行业投资效应分析及西部资源开发的战略思考［C］. 中国系统工程学会年会，2008.

［6］李虹，董亮. 发展绿色就业提升产业生态效率——基于风电产业发展的实证分析［J］. 北京大学学报：哲学社会科学版，2011（1）：109-118.

［7］李景博. 经济低碳化对就业的影响［D］. 沈阳：辽宁大学，2015.

［8］李启平. 经济低碳化对我国就业的影响及政策因应［J］. 改革，2010（1）：39-44.

［9］李青青. 绿色就业政策研究［D］. 上海：华东政法大学，2012.

［10］李元龙. 能源环境政策的增长、就业和减排效应：基于 CGE 模型的研究［D］. 杭州：浙江大学，2011.

［11］林宝. 可再生能源产业发展的就业效应［J］. 劳动经济研究，2014（1）：127-151.

［12］刘进进. 低碳经济对我国就业的影响及对策［D］. 重庆：重庆理工大学，2011.

［13］毛雁冰，薛文骏. 中国能源强度变动的就业效应研究［J］. 中国人口、资源与环境，2012，22（9）：142-148.

［14］潘家华，郑艳．基于人际公平的碳排放概念及其理论含义［J］．世界经济与政治，2009（10）：6-16．

［15］潘家华，庄贵阳，郑艳，等．低碳经济的概念辨识及核心要素分析［J］．国际经济评论，2010（4）：88-101．

［16］谭永生．经济低碳化对中长期就业的影响及对策研究［J］．中国人口·资源与环境，2010，20（12）：76-80．

［17］王琦，李桂华，孙洋，等．可再生能源发展与就业潜力分析［J］．可再生能源，2007，25（3）：102-105．

［18］夏自军．促进绿色就业发展新探［J］．江南社会学院学报，2012（4）：47-50．

［19］杨晶，田芳．低碳经济时代节能减排政策对我国就业的影响研究［J］．农林经济管理学报，2011，10（2）：88-95．

［20］杨伟国，叶曼．绿色就业的测量和容量［J］．新视野，2010（4）：18-20．

［21］张金英，石美遐．约束型低碳经济政策手段就业效应的地区差异——基于地区 CO_2 结构偏离度的面板数据分析［J］．经济评论，2013（3）：118-125．

［22］张金英．低碳经济政策就业效应的理论解析与实证研究［D］．北京：北京交通大学，2013．

［23］张丽宾．中国绿色就业的发展［J］．中国就业，2010（12）：10-11．

［24］郑立．美国的"绿色经济"计划及其启示［J］．中国商界（上半月），2009（7）：52-53．

［25］周亚敏，潘家华，冯永晟．绿色就业：理论含义与政策效应［J］．中国人口·资源与环境，2014，24（1）：21-27．

［26］门丹．美国低碳经济政策转向研究：原因、定位及经济绩效［D］．沈阳：辽宁大学，2013．

［27］蔡昉．人口转变、人口红利与经济增长可持续性——兼论充分就业如何促进经济增长［J］．人口研究，2004，28（2）：2-9．

［28］牟俊霖，赖德胜．促进我国就业增长的行业特征研究——来自 2002—2007 年投入产出表的证据［J］．技术经济与管理研究，2012（3）：3-7.

［29］陈媛媛．行业环境管制对就业影响的经验研究：基于 25 个工业行业的实证分析［J］．当代经济科学，2011，33（3）：67-73.

［30］胡绍雨．环境税"双重红利"在中国的实证检验［J］．中国物价，2011（1）：71-75.

［31］刘秀莲．欧盟国家新能源产业重点领域选择、目标及政策借鉴［J］．经济研究参考，2011（16）：40-51.

［32］黄涛，王丽艳．中国行业吸纳就业的投入产出分析［J］．经济科学，2002（1）：48-60.

［33］刘朝，赵涛．2020 年中国低碳经济发展前景研究［J］．中国人口、资源与环境，2011，21（7）．

［34］袁方．社会研究方法教程［M］．北京：北京大学出版社，1997.

［35］LLERA E, SCARPELLINI S, ARANDA A, ZABALZA I, et at Forecasting job creation from renewableenergy development through a value-chain approach［J］．Renewable and Sustainable energy Reviews, 262-271.

［36］MCEVOY D, D C GIBBS, J W S. Longhurst. The Employment Implications of A Low-Carbon Economy［J］．Sustainable Development, 2000, 8: 27-38.

［37］GARRETT PELTIER H. The employment impacts of economy-wide investments in renewable energy and energy efficiency［J］．Dissertations & Theses - Gradworks, 2010, 10（1）．

［38］LEHR U, LUTZ C, EDLER D. Green jobs? Economic impacts of renewable energy in Germany［J］．Energy Policy, 2012, 47（10）：358-364.

［39］Michaels R, Murphy R P. GREEN JOBS: Fact or Fiction?　［J］．Institute for Energy Research, 2009, 54（1）：1-7.

［40］OECD/MARTINEZ-FERNANDEZ C, HINOJOSA C, MIRANDA G, Green jobs and skills: the local labour market implications of addressing climate change ［EB/OL］ （2010-02-08）. working document, CFE/LEED, OECD, www. oecd. org/dataoecd/54/43/44683169. pdf？ contentId＝44683170.

［41］ PUERTO C L D, CROWSON A. Green construction and energy training program for at - risk individuals：a case study ［J］. Journal of Employment Counseling, 2013, 50 （2）：59-70.

［42］ SCOTT M J, ROOP J M, SCHULTZ R W, et al. The impact of DOE building technology energy efficiency programs on U. S. employment, income, and investment ［J］. Energy Economics, 2008, 30 （5）：2283-2301.

［43］ WEI M, PATADIA S, KAMMEN D M. Putting renewables and energy efficiency to work：How many jobs can the clean energy industry generate in the US？ ［J］. Energy Policy, 2010, 38 （2）：919-931.

［44］ BERCK P, HOFFMANN S. Assessing the Employment Impacts of Environmental and Natural Resource Policy ［J］. Environmental & Resource Economics, 2002, 22 （1-2）：133-156.

［45］ AROURI M E H , BEN YOUSSEF A , M' HENNI H , et al. Exploring the Causality Links between Energy and Employment in African Countries ［C］// Iza. 2014.

［46］ FORSTATER, MATHEW. Green Jobs：Public Service Employment and Environmental Sustainability ［J］. Challenge, 2006, 49 （4）：58-72.

［47］ BAN-WEISS G A , LUNDEN M M , KIRCHSTETTER T W , et al. Size-resolved particle number and volume emission factors for on-road gasoline and diesel motor vehicles ［J］. Journal of Aerosol Science, 2010, 41 （1）：0-12.

［48］ FANG Y. Economic welfare impacts from renewable energy consumption：the China experience. Renewable and sustainable energy Reviews, 2011, 15 （9）：5120-5128.

［49］ NEUWAHL F, LöSCHEL A, MONGELLI I, DELGADO L. Employment impacts of EU biofuels policy：combining bottom - up technology information and sectoral market simulations in an input - output framework ［J］. Ecological Economics, 2008, 68 （1-2）：447-460.

［50］HILLEBRAND B, BUTTERMANN H G, BEHRINGER J M, BLEUEL M. The expansion of renewable energies and employment effects in Germany ［J］. Energy Policy, 2006, 34（18）, 3484-3494.

［51］LEHR U, NITSCH J, KRATZAT M, LUTZ C, EDLER D. Renewable energy and employment in Germany. Energy policy, 2008, 36（1）: 108-117.

［52］SIM C H. Simulation of Weibull and Gamma autoregressive stationary process ［J］. Communications in Statistics-Simulation and Computation, 1986, 15（4）: 1141-1146.

［53］LEEPER, ERIC M, et al. What Does Monetary Policy Do? ［J］. Brookings Papers on Economic Activity, 1996, 2: 1-78.

［54］PHILLIPS P C B, OULIARIS S. Asymptotic Properties of Residual Based Tests for Cointegration ［J］. Econometrica, 1990, 58（1）: 165.

［55］STOCK J H, WATSON M W. Testing for common trends ［J］. Journal of the American statistical Association, 1988, 83（404）: 1097-1107.

［56］JOHANSEN S. Statistical analysis of cointegration vectors ［J］. Journal of economic dynamics and control, 1988, 2（2-3）: 231-254.

［57］JOHANSEN S. Estimation and hypothesis testing of cointegration vectors in Gaussian vector autoregressive models ［J］. Econometrica, 1991, 59（6）: 1551-1580.

［58］JOHANSEN S R. The role of the constant and linear terms in cointegration analysis of nonstationary variables ［J］. Econometric reviews, 1994, 13（2）: 205-229.

［59］ENGLE R F, GRANGER C W. Co-integration and error correction: representation, estimation, and testing ［J］. Econometrica: journal of the Econometric Society, 1987, 55（2）: 251-276.

［60］Pearce D. The role of carbon taxes in adjusting to global warming ［J］. The economic journal, 1991, 101（407）: 938-948.

后记
——致谢

  作为绿色就业的一个热门分支话题，可再生能源就业方面的研究在国外已经持续推动了很多年，一些经典文献也引起了国内学者的兴趣。但由于学科壁垒和数据稀缺，国内鲜有评估可再生能源产业就业效应的实证文章。笔者对该话题的研究兴趣由来已久。2010年，博士二年级的时候笔者在导师曾湘泉教授的指导下参与了第十届中国人文社会科学论坛的筹备工作，有幸接触到了人文社科领域顶级专家最前沿的研究工作，其中来自德国的皮特·海尼克教授的研究《资源、效率与就业》引起了我强烈的研究兴趣。2014年，笔者有幸与导师一起赴德国波恩参加德国劳动研究所学术研讨会，发现在德国绿色就业已经成为一个成熟并极具前景的研究方向，并且涌现了许多丰富和极具建设性的研究成果。而正在此时，北京饱受雾霾的困扰，政府一方面面临环保、民生的压力，另一方面必须承担治理污染的高昂成本。笔者不得不思考是否有在环境成本与社会效益上两全的出路与办法？

  这本专著就是在这一背景下产生的。但是由于笔者的专业背景所限，能源领域的基础知识对我来说都非常陌生，连最基本的能源单位都必须从头学起。在此感谢我的先生刘瑞平，他比我更像一个学者，清晰、全面又有侧重地为我展开了能源领域的全新篇章，从基础知识到行业全景，从国际前沿到我国现实，从理论研究到政策导向……为我搭建了一座从劳动经济学跨向能源产业领域的桥梁，也使本书得以完成，书中的许多调研数据也来自他在能源产业领域内积累的资源，在此深表感谢。

  此外，可再生能源产业就业的研究必须要解决数据难关。时至今日，各种数据铺天盖地，但真正进入严谨的科研活动时，才会发现几乎无现成的数据可用，抑或数据的分散和前后矛盾简直令人崩溃。在此感谢发改委的王庆一先生，虽素未谋面，但对他的钦佩之情无以言表。老先生潜心研学，数十年如一日，清晰完整地搜集和整理了近年来我国能源领域的各类数据，并将他自己的成果无偿分享，正是在此基础上，本书的实证研究部分才得以按图索骥，快速进行。王老先生做人的格局和做事的严谨都如同他笔下的数据，在这个时代中迎风而立，渊渟岳峙，在此向王老先生表达最真诚的敬意。

最后，本书在写作中得到了笔者研究生罗祥艳的大力支持，她搜集了大量的外文文献并帮助我完成了第三章的内容，涂文嘉和彭松同学协助我完成了本书的实证分析和文献综述部分，段巧丽等参与了校对工作，在此一并致谢，感谢同学们的辛勤付出！

在本书掩卷付梓之际，笔者仍然对其中的部分内容抱有一丝遗憾：在模型的选择和使用上还有许多可以精进的地方；在数据的搜集、整理和单位换算中还有许多进步的空间；对可再生能源产业社会效益的探索上还有许多未完成的话题。笔者期待将来可以更进一步研究，也希望本书能为我国绿色就业的实证研究抛砖引玉，引发本领域更多学者的关注，不断涌现更多更好的研究成果。